大连海事大学中央高校基本科研业务费项目（3132014079）

船员外派企业管理
与船员的经历

THE MANAGEMENT OF
CHINESE SHIP CREWING AGENCIES AND THE EXPERIENCE OF
CHINESE SEAFARERS

赵志葳 / 著

社会科学文献出版社
SOCIAL SCIENCES ACADEMIC PRESS (CHINA)

前　言

　　航运产业是改革开放以来中国发展最快的产业之一。然而，关于航运业的研究却十分有限，关于航运业船员人力资源以及雇用船员的劳务外派机构的研究则更是少见。本书调查了 2006～2010 年中国船员的经历，分析了中国船员劳务外派机构的管理策略及其对船员的影响，旨在分析当时中国社会的状况，即自经济改革以来，中国是否已经形成了一个新的市场经济体系。

　　本书以两家改革程度不同的船员劳务外派机构为例，通过分析其船员雇佣和外派管理战略，以及被其雇用的船员的经历，检验和论证"中国船员劳动力市场是一个现代化的、自由的劳动力市场"这一理论观点。本研究采用定性研究方法，对两家船员劳务外派机构的 22 位管理者和 50 名船员进行深入访谈，同时采用文献研究的方法对分析进行补充。分析最终也将解释：为什么中国船员劳务外派水平远远低于国际航运业和国外学者的预测。

　　通过分析可以看出，当时的中国船员劳动力市场很难被定义为一个自由的市场。国家控制船员外派代理权，并将其仅授予 60 家国有制船员劳务外派机构，以限制市场自由化发展。分析表明，上层机构仍然在干预国有制船员劳务外派机构的运行，这使得外派机构的管理在不同程度上缺乏市场导向性，从而限制了船员外派业务的发展。

　　在当时的中国船员劳动力市场上，船员劳动力也很难体现出自由流动的特点。类似的理论观点如"中国经济改革使得中国船员转型为自由职业者；由于国外航运公司的吸引力，中国船员职业的自由化将意味着船员外派数量大幅增加"，也是过于肤浅和缺乏深入论证的。此外，中国船员在国际劳动力市场上的工资水平低于国际船员工资标准，有时也低于国内航运企业提供的船员工资水平。这也削弱了中国船员在国外船上工作的意愿。

目　录

第一部分　背景和方法

第一章　中国经济改革、航运业改革、船员劳务输出……………… 3
　　第一节　中国企业改革 …………………………………………… 3
　　第二节　经济改革背景下的中国产业和中国工人调查 ………… 7
　　第三节　中国航运业改革与发展 ……………………………… 11
　　第四节　"中国船员全球化"的观点 ………………………… 21

第二章　中国船员劳务外派公司的发展以及本书的研究方法 ……… 26
　　第一节　国有独立船员劳务外派公司 ………………………… 26
　　第二节　国有附属船员劳务外派公司 ………………………… 28
　　第三节　私有船员劳务外派公司 ……………………………… 30
　　第四节　国有船员劳务外派公司在中国船员劳务输出中的
　　　　　　主导地位 …………………………………………… 38
　　第五节　研究方法 …………………………………………… 40
　　第六节　小结 ………………………………………………… 50

第二部分　案例研究一：国有附属船员
劳务外派公司（Ag1）

第三章　Ag1 公司改革及有效劳动力短缺 ……………………… 53
　　第一节　国有企业在自主管理改革方面的局限性 ………… 53

第二节　Ag1 公司的改革 ……………………………… 54

第三节　Ag1 公司船员劳务外派业务 …………………… 62

第四节　小结 ……………………………………………… 69

第四章　船员调配、培训和晋升管理 ……………………… 70

第一节　船员调配管理 …………………………………… 70

第二节　船员培训管理 …………………………………… 75

第三节　船员晋升管理 …………………………………… 83

第四节　小结 ……………………………………………… 89

第五章　船员福利待遇管理 ………………………………… 91

第一节　高级船员工资低的原因 ………………………… 91

第二节　高级船员对福利待遇的评价 …………………… 102

第三节　船员薪酬改革 …………………………………… 103

第四节　小结 ……………………………………………… 110

第六章　经理与船员的关系、工会的作用和劳务外派业务 … 112

第一节　经理与船员的关系以及经理的聘用管理 ……… 112

第二节　Ag1 公司工会 …………………………………… 116

第三节　Ag1 公司船员短缺的问题 ……………………… 125

第四节　船员雇佣关系及船员劳务外派业务的变化 …… 129

第五节　小结 ……………………………………………… 134

第三部分　案例研究二：国有独立船员
劳务外派公司（Ag2）

第七章　Ag2 公司历史简介及其船员合同和福利待遇管理 … 139

第一节　Ag2 公司历史简介 ……………………………… 139

第二节　不同合同类型下的四类船员 …………………… 142

第三节　船员海上工资的管理 …………………………… 147

第四节 2000～2008年船员福利待遇的改善 ……………… 149

第五节 福利待遇低和船员的评价 ……………………… 151

第六节 高级船员福利待遇低的原因 …………………… 154

第七节 小结 ……………………………………………… 157

第八章 人才保留战略、工会的职责和劳务外派业务 ……… 159

第一节 "双服务"战略、经理与船员的关系 ………… 159

第二节 "传统思想动员"战略 ………………………… 172

第三节 Ag2公司工会 …………………………………… 175

第四节 高级船员的流失及其对船员劳务外派业务的影响 ……… 180

第五节 小结 ……………………………………………… 181

第四部分 中国船员自由进入全球 劳务市场的障碍

第九章 船员对国有船员劳务外派公司的依赖 …………… 187

第一节 工作保障 ………………………………………… 187

第二节 福利的问题 ……………………………………… 194

第三节 工资保障 ………………………………………… 199

第四节 海上安全 ………………………………………… 201

第五节 小结 ……………………………………………… 204

第十章 船员流动的制度性障碍以及船员向陆上 工作的外流 ……………………………………… 206

第一节 船员休假期间证书的管理 ……………………… 206

第二节 Ag1公司的经济处罚机制 ……………………… 209

第三节 Ag2公司的经济处罚机制 ……………………… 216

第四节 Ag2公司的行为保证金管理 …………………… 218

第五节 年轻高级船员的离职 …………………………… 220

第六节 Ag2公司中老年高级船员的离职 ……………… 222

第七节　船员对自己职业的看法 …………………………………… 224

第八节　小结 ………………………………………………………… 230

结　论 ……………………………………………………………… 232

参考文献 …………………………………………………………… 240

Contents

Part One   Background and Methods

**Chapter 1   China's economic reform, shipping industry reform
and seafarer labour export**   / 3

1. 1   The reform of Chinese enterprises   / 3

1. 2   Research into Chinese industries and Chinese workers
        in the context of the Chinese economic reform   / 7

1. 3   The reform and development of China's shipping industry / 11

1. 4   The idea of 'going globally'   / 21

**Chapter 2   The development of Chinese crewing agencies and
method of the research**   / 26

2. 1   Independent state-owned crewing agencies (ISCA)   / 26

2. 2   Subsidiary state-owned crewing agencies (SSCA)   / 28

2. 3   Private-owned crewing agencies (POCAs)   / 30

2. 4   The dominant position of the state-owned crewing
        agencies in China's seafarer labour export   / 38

2. 5   Method of the research   / 40

2. 6   Summary   / 50

Part Two   Case Study One：Ag1

Chapter 3   The reform of Ag1 and the shortage of effective labour / 53

  3. 1   Limitations of Chinese SOEs' reform in terms of managerial autonomy / 53

  3. 2   Ag1's reform / 54

  3. 3   The seafaring labour of Ag1 / 62

  3. 4   Summary / 69

Chapter 4   The management of manning, training and promotion / 70

  4. 1   The management of manning / 70

  4. 2   Training management / 75

  4. 3   Promotion management / 83

  4. 4   Summary / 89

Chapter 5   The management of material support / 91

  5. 1   The reasons for the low wages of officer seafarers / 91

  5. 2   Officer seafarers' assessments of their material supports / 102

  5. 3   The reform of seafarers' payment / 103

  5. 4   Summary / 110

Chapter 6   The relationship between managers and seafarers, the role of the trade union and the foreign manning business / 112

  6. 1   The relationship between managers and seafarers and the management of managers' employment / 112

  6. 2   The trade union in Ag1 / 116

6. 3   The shortage of seafarers in Ag1   / 125

6. 4   The changes of seafarers' employment relationships and

        the foreign manning business   / 129

6. 5   Summary   / 134

Part Three   Case Study Two: Ag2

Chapter 7   A brief history of Ag2 and its management

of labour contract and material support   / 139

7. 1   Brief history of the Ag2   / 139

7. 2   Four categories of seafarers in terms of

        their types of contracts   / 142

7. 3   The management of sailing wages   / 147

7. 4   Improving material support in the 2000s   / 149

7. 5   Low material support and seafarers' assessment   / 151

7. 6   Reason of low material support   / 154

7. 7   Summary   / 157

Chapter 8   Strategies for labour retention, the role of

the TU and the foreign manning business   / 159

8. 1   The 'two service' strategy and the relationship between

        managers and seafarers   / 159

8. 2   Traditional ideological mobilization   / 172

8. 3   The trade union in Ag2   / 175

8. 4   The loss of officer seafarers and its influence on

        the foreign manning business   / 180

8. 5   Summary   / 181

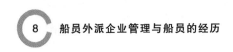

Part Four　Impediments to the Free Movement of Chinese Seafarers into the Global Labour Market

Chapter 9　Seafarers' dependency on their state-owned

　　　　　　crewing agencies　　　　　　　　　　　　　/ 187

　　9. 1　Job security　　　　　　　　　　　　　　　/ 187

　　9. 2　The issue of welfare　　　　　　　　　　　　/ 194

　　9. 3　Wage security　　　　　　　　　　　　　　/ 199

　　9. 4　Safety at sea　　　　　　　　　　　　　　/ 201

　　9. 5　Summary　　　　　　　　　　　　　　　　/ 204

Chapter 10　The institutional barriers to the flow of

　　　　　　seafarers and the outflow of seafarers to

　　　　　　work on land　　　　　　　　　　　　　/ 206

　　10. 1　Retaining certificates while seafarers are on leave in Ag1　/ 206

　　10. 2　Financial penalties in Ag1　　　　　　　　　/ 209

　　10. 3　Financial penalties in Ag2　　　　　　　　　/ 216

　　10. 4　Ensuring Behaviour Fees in Ag2　　　　　　　/ 218

　　10. 5　The resignation of young officer seafarers　　　/ 220

　　10. 6　The resignation of middle-aged and elder officer

　　　　　seafarers in Ag2　　　　　　　　　　　　/ 222

　　10. 7　Seafarers' views about their career　　　　　/ 224

　　10. 8　Summary　　　　　　　　　　　　　　　/ 230

Conclusion　　　　　　　　　　　　　　　　　　/ 232

Bibliography　　　　　　　　　　　　　　　　　/ 240

第一部分

背景和方法

自 1979 年经济改革以来,中国企业和航运业经历了巨大变革。截至 2010 年,已经有大量学者对改革以及中国工人的经历做出研究。也有少量研究关注中国船员劳务市场改革和船员劳务输出问题。本书的第一部分首先对上述内容做一回顾,以介绍本书研究的宏观背景和经济背景。之后,将讨论不同所有制的中国船员代理公司的发展和他们在船员劳务输出中所扮演的角色,探讨中国船员劳务市场在 20 世纪前 10 年的开放程度。同时,本部分也讨论了本研究运用的研究方法。

第一章　中国经济改革、航运业改革、船员劳务输出

第一节　中国企业改革

在经济改革前，企业自主权不大，资源难以得到有效利用，经济发展缺少动力和活力。为了推动社会经济持续向前发展，人力、物力、财力等资源必须实现优化配置，因此，必须破除计划经济体制的束缚。20 世纪 70 年代末，中国进行了经济改革。整个改革历经三个阶段，这三个阶段始终围绕以下两个主题展开：第一，将决策权下放给国有企业（1984～1992 年）；第二，对国有企业的所有权和结构进行重组（1992 年以后）。

一　第一阶段

1979～1983 年，改革第一阶段的重点是增强企业的自主权。因此，国有企业开始留有小部分企业利润，并且在管理方面拥有自己的决策权（放权让利）（Braun and Warner, 2002）。然而，旧的计划经济体制还在企业决策管理的方方面面起着作用，制约了新的改革方案的实施。因此，早期改革的成效非常有限（Child, 1994）。

二　第二阶段

改革第二阶段发生在 1984～1992 年，其主要目的是深化改革，政

府权力下放给企业。其中重要的一步就是在 20 世纪 80 年代实行了承包责任制。该政策的执行降低了政府行政部门在企业经营中的参与程度。企业自主经营，并对企业经济活动结果负责。承包责任制的实施明确了企业领导人在责任体系中制定决策和代表企业方面的权利。为了明确企业的权利和义务，保障其合法权益，1988 年 4 月 13 日《中华人民共和国全民所有制工业企业法》出台，并于同年 8 月 1 日正式实施。

在该阶段，中国涌现了很多非国有企业（Child, 1994）。1988 年国家公布了《中华人民共和国私有企业暂行条例》，允许私有企业在中国注册、运营（Lau, 1997）。

尽管 20 世纪 80 年代中国政府鼓励外商投资，但经营形式很有限，国外投资者主要通过与国有企业合作的形式建立合资公司（Cooke, 2005）。采用这一合作形式的原因可以归结为两点。首先，在外商投资的初始阶段，国外投资者不熟悉中国公司的经营运作模式，他们需要与中国公司合作才能确保运营。其次，中国政府还有其自身考虑。一方面，引进外资可以使中国在管理、就业、竞争等方面受益。例如，中国的国有企业和集体所有制企业可以学习外国公司的先进管理经验；合资企业可以为中国工人提供更多的就业岗位；合资企业可以挽救那些在市场竞争中无法生存的国有企业和集体所有制企业，并且中国可以得到更多进入国际市场的机会。另一方面，中国政府希望通过控制外资来保护脆弱的中国公司和中国经济。因此，合资是 20 世纪 80 年代中期到 20 世纪 90 年代早期外商投资企业在中国运营的主要方式（Cooke, 2005）。

三　第三阶段

20 世纪 90 年代是中国加速企业改革和发展的阶段。1992 年邓小平视察南方，提出了"发展有中国特色的社会主义市场经济体制"的目标，切实地改变了中国和中国人民的生活。1992 年，伴随着中国共产党第十四次全国代表大会的召开，"现代企业制度"和"集团公司体系"这些主要的改革措施开始全面贯彻实施。这是促进国有企业所有权和组织结构重组的关键转折，同时，这些政策还鼓励国有企业采用现代管理方法，强调企业的责任和权利。

为了提高中国企业的竞争力，国家对工人雇佣体制进行了一系列改革。1992年国家颁布了"三项制度"改革文件，分别涉及企业劳动用工、工资分配和社会保险制度的改革。文件再次明确了公司对其所雇用员工的责任和权利，鼓励公司依据政府规定制定企业内部规定和员工守则，据此确定工人的工资、奖金和其他管理事务（Yueh，2004）。这些增强企业自主权的改革提高了工人的工作热情，增加了职工对企业的依赖程度（Gallagher，2004）。另外，为了减轻国有企业为员工和管理人员提供全面福利待遇这一负担，国家颁布并实施了由企业责任、政府责任和员工责任三方构成的社会保险制度（Gu，2001）。

1994年国家颁布了"解聘政策"。为了减轻传统国有企业的负担，"老三铁"[①] 最终被打破。为了推进这一政策，1994年国家颁布了《中华人民共和国劳动法》。该法规定，在雇佣关系建立时，双方应签订书面合同，约定雇佣期限、双方的权利和义务等。雇员和雇主双方对合同中约定的内容需通过协商达成一致。这一法律的颁布与实施使得公司在人员招聘时更加自主灵活，可以招聘固定期限员工和临时聘用员工，并可以根据双方事先约定的条件选择续聘或解雇。

在经济重组阶段，这一政策的实施改变了企业结构臃肿、人员冗余的局面，同时也给国有企业的工人带来了下岗的巨大冲击。中国的失业率大幅度提高（Giles et al.，2005）。从1998年到2001年大约有3.4亿名国企员工下岗（Rawski，2002）；截至2005年，中国城市中大约有800万名失业人员（中国劳动和社会保障部，2006）。改革提高了雇佣的灵活性，但是使中国工人的就业率与以前相比大幅降低（Blecher，2002；Ding and Warner，2001；Gallagher，2004；Mok et al.，2002；Warner and

---

① "老三铁"，即终身雇佣制（"铁饭碗"）、集中工资管理（"铁工资"），以及管理人员的任命和晋升（"铁交椅"）。

Lee, 2007)。

为了建立中国市场经济, 鼓励非国有企业加入到社会主义新中国的建设中, 国家颁布了一系列政策。1992 年,"抓大放小"政策实行。尽管支柱产业和基础产业仍被政府控制, 但"抓大放小"政策允许中小型国有企业破产, 允许其被私有企业和外资企业兼并或收购(Yueh, 2004)。大部分国有企业不再得到政府支持, 无法在市场竞争中存活下来的中小型国有企业最终被私有企业、外资企业兼并或收购。1997 年, 股权改革成为中共十五大的议题(Yeh, 1998)。中国各级政府颁布了各种优惠政策吸引私有企业和外商投资。从 20 世纪 90 年代开始, 非国有企业快速成长(Cooke, 2006), 特别是私有企业的数量从 1995 年的654531 家增长到 1999 年的 1508857 家; 外资企业的数量几乎增长了 10倍, 从 20 世纪 90 年代初的 25389 家增长到 20 世纪 90 年代末的 20 多万家(Wang, 2001)。自 1997 年起, 外商投资增加, 导致合资公司的数量快速增长(Yan and Warner, 2002)。根据 Jefferson 和 Su (2006) 的研究, 大中型合资企业、私有企业和外资企业的数量从 1997 年的近 1000家增长到 2001 年的近 6000 家, 而大中型国有企业的数量从 14811 家减少到 8675 家; 1991 年, 大约一半的大中型企业是国有企业, 其他则属于非国有企业。

私有企业和外资企业对中国的经济增长做出了巨大贡献。截至2008 年年底, 中国企业中的 79% 为非国有企业。这些企业的年利润额超过 500 万元(中国国家统计局, 2009b), 创造的利润占中国所有企业生产利润的 77%(上海证券报, 2010)。另外, 2005 年这些企业吸纳了1250 万名城市失业人员(Knight and Li, 2006), 2008 年雇用了 44% 的中国城镇员工(中国国家统计局, 2009c)。

这项改革极大地改变了中国的产业结构, 也引起了大量学者的注意。

第二节　经济改革背景下的中国产业和中国工人调查

中国经济改革推动了多种产业快速发展。有研究人员记录了1979年以来中国产业发生的变化。从他们的研究中可以发现，虽然中国经济改革取得了巨大成就，但中国产业同时也面临着严峻的挑战。

Cooke（2008）对中国的汽车产业做了深入研究。在经济改革的推动下，从20世纪80年代起，中国汽车产业从合资的形式逐渐向对外资开放合作的形式转变。在这种形式下，中国汽车产业得以引进外国汽车生产厂商先进的技术和管理战略，显著提高了中国汽车产业的生产能力和市场竞争力（钱振为，2004）。截至2005年，中国已经成为全球第二大汽车制造国。同时，经济改革也给汽车产业带来了巨大挑战，中国汽车企业与外国汽车企业在国内和国际汽车市场上竞争激烈。另外，随着中国汽车产业的成长，中国政府对该产业的保护大大减少，从而削弱了尚未成熟的中国汽车产业在全球市场上的竞争力（Cooke，2008；李明充、章淑华，2005；钱振为，2004）。除此之外，与国际领先国家或地区的汽车制造产业相比，中国汽车产业在发展国内品牌、与跨国公司建立战略同盟、并购国际汽车公司品牌、吸引并保留人才、企业和工厂战略精简方面还处于劣势（Cooke，2008；李江涛、杨再高，2005；李明充、章淑华，2005）。

不同于中国汽车产业，中国制药业得到了中国政府的保护和支持（芮明杰、陶志刚，2004）。一系列改革政策的实施使中国制药市场成为世界上发展速度最快的制药市场之一（Cooke，2008）。政府在制定针对中国制药企业经营管理方面的法律法规时，均基于最新的国际标准，提高了中国制药企业在国际市场上的竞争力。由于制药企业获得中国政府和外国企业的资金支持，其生物研发技术和设备都非常先进（Li，2002）。中国制药企业通过与外国企业合作，引进了先进技术、经营模式、管理标准和理念（李黎，2003；Yeung，2002）。除此之外，通过改革，国内大型制药公司的国际竞争力也不断提高，这就迫使整个产业链中的一些竞争力低的小型制药企业通过关闭或者合并/并购的方式来实现联合运营，以增强国际竞争力（金碚，2003）。与汽车产业一样，中国制药业与外国跨国公司在中国制药市场和全球制药市场上竞争激烈（Cooke，2008）。同时，一些中国制药公司存在公司规模小、专门化水平低、技术水平低、缺少新产品、研发水平低以及知识产权保护不力等问题，制约了中国制药产业的发展（Buo，2004；Cooke，2008；李黎，2003；王巍、张秋生、张金杰，2003）。

自经济改革以来，一些学者如 Cooke（2008）、金碚（2003）和王巍、张秋生、张金杰（2004）研究了中国零售业的发展情况。零售业在中国历史悠久，经济改革带来的产业开放使该产业面临来自国外零售企业在中国快速扩张零售链的巨大压力。面对这一形势，中国大型零售企业采取合并或并购的战略来壮大自己。而国内一些小型零售公司则建立网络系统，共享供销资源，以便提高自身的竞争能力（金碚，2003；王巍、张秋生、张金杰，2004）。同时，中国零售企业还存在一些其他问题，例如企业规模小、经营规模小、熟练员工短缺、技术创新水平低、人才流失以及外国零售链条在中国快速扩张等，导致了中国零售公司在与国外零售巨头竞争时处于劣势（Cooke，2005；王巍、张秋生、张金杰，2004）。

还有一些学者研究了经济改革对新兴产业例如 IT 业的影响。IT 业的发展对目前和将来中国国际竞争力的提升都有十分重要的意义。从 20 世纪 80 年代起，IT 业在中国快速发展扩大，一些 IT 公司目前已经成为国际市场上的有力竞争者，这均归功于该产业的成功改革，例如吸引外国公司投资、学习他们的先进技术、积极与跨国公司合作以促进出口、中国政府对研发加以支持以及对 IT 业进行战略保护（Kraenen and Dedrick，2001；Lai et al.，2005；芮明杰、陶志刚，2004）。然而，中外企业竞争激烈。中国计算机公司规模较小，并且缺乏高级 IT 工程师和技术人员，这些问题严重制约了 IT 业的发展（Cooke，2008；芮明杰、陶志刚，2004）。

Nolan 和 Zhang（2003）调查研究了中国石油和航空航天业的大型公司在全球的竞争力。在激烈的全球竞争中，中石油和中石化在油气储量、技术、资金实力等方面均处于劣势，需要引入先进的企业文化以建成一个统一的公司。中国航空航空业的大型公司尚未发展成世界一流的领头企业。笔者认为，虽然目前中国一部分领头企业已经取得了巨大的成功，但是在全球范围内仍面临激烈的竞争，这些领头企业仍十分脆弱，必须持续地发展壮大以避免被追赶或被淘汰。

一些研究人员还关注了中国不同产业的企业的经营管理情况，探究经济改革给企业带来的变化。这些研究的一个共同发现是政府对中国企业的直接干预减少了，增加企业利润和提高竞争力成为中国企业发展的目标。

例如，Zhu 等（2011）研究了三家中国企业管理和工人经历的变化，发现将国有企业转变成不同的体制，给企业带来了明显的活力。比如，企业采用了以市场为导向的管理体系，以开发新产品并开拓新市场。他们认为，这些变化很可能使企业产生更好的表现、获得更多的收益。

基于对中国不同产业历史的分析，Lee（2007）提出，作为经济改革的结果，中国政府已经从企业内部管理转向从企业外部通过法律和条例来规范企业行为。另外，工人在很大程度上受到企业管理和劳动力市场供求关系的影响，而不受国家政治控制。

当讨论到中国工人的罢工问题时，Chan（2011）表示政府对企业的干预较少，认为中国政府一般不采用直接干预的方式迫使雇主向工人提供更优厚的条件。

研究人员对众多产业的研究表明，中国经济改革加速了中国产业的改革和发展。但是对于航运业这一中国政府最早对外国开放且对中国经济（相关研究将在后文中介绍）起重要作用的产业，很少有学者研究并关注其发展，对中国船员劳务外派公司的研究就更少了。

除了研究中国产业的变化，一些学者也关注了中国社会和经济转型过程中受到影响的中国工人的经历。

Friedman 和 Lee（2010）研究了中国经济改革 30 年以来雇佣结构发生的变化以及对中国工人造成的影响。他们发现，劳动合同的实施使得雇佣关系呈现出商品化的趋势。资本化公司就业机会的不断增加使雇佣关系呈现出临时化的特点。国家认为资本利益具有支配性，它赋予工人个体化的法律权利，而不是自由联盟的集体权利。结果导致中国工人的反抗被压制，法律未能被很好地执行，中国工人的工作条件不断恶化。

Chan（2011）分析了中国台湾制鞋工厂工人的罢工问题。Chan 发现，当遇到工人罢工的时候，政府对争议采取个别处理的方法，如通过仲裁和法律办法解决。在这种机制下，中国工人只有在他们的最低法定权利被侵犯的时候才会采取应对措施。Chan 认为，中国大多数工人抗议都是出于保护其最低法定权利的目的，而不是为了提高他们的利益。中国工人的权利和利益没有得到有效的保护。

Zhu 等（2011）研究了中国国有企业在新所有权模式下的转变，特别是管理者和工人权利的转变。他们认为，通过各种人力资源管理战略的运用，工人的权利得到了保障，比如员工参与部分管理决策，公司为员工提供免费的技能培训，制定激励机制和奖励措施等。然而，在高压管理下，工会没有有效地代表工人的利益，工人的共同心声没有被听取。当把经济发展摆在首位时，势必要损害工人的部分利益，工人和管理者之间的和谐关系将很难建成。

Cooke 和 He（2010）对中国南方 31 家纺织品服装企业进行调研，以分析企业社会责任问题。他们发现，即使企业履行了社会责任，工人的工作规范标准也并没有得到提高。这是因为，当公司进行企业社会责任实践的时候，更关注的是市场活动，而不是像工人健康、安全规定、社会保险这样的劳动规范问题。另外，工人也并未参与到企业社会责任实践的活动中。

Lee（2007）研究显示，由于经济改革，中国工人与企业的关系不再是终身雇佣关系，福利待遇面临着"经济上无保障"和"制度上不确定"的问题；中国工人的工作场所不再是国家培养庇护主义或实施思想和政治统治的场所，而是劳动关系发生冲突甚至分裂化普遍存在的地方。

Chan（2007）对服务业工人的生活进行了研究，特别是保险业——中国这一新兴职业员工的生活。Chan发现销售人员对他们的收入和工作保障持续焦虑，这是以佣金为基础的薪资体系造成的。Michelson（2007）研究了中国的法律业，发现中国的法律从业者面临着工作保障薄弱、声望低，以及经济压力大的问题。

Ross（2007）研究了上海IT业工人的生活状况，尤其是那些在外资企业工作、从事外包服务行业的IT工人的生活状况。Ross发现，由于缺少工作规定，管理者的经营目标和工人的责任都无法明确。在这样高度竞争的行业里，IT工人为了讨管理者的欢心以寻求晋升机会，只能不断地工作。而且由于责任不明确，这些IT工人有时甚至要承担一些原本不属于他们责任范畴的工作。这导致工人工作压力大。在IT业中，工作压力大，人员流动率很高；管理者和工人之间也相互不信任。Kessler（2007）对北京和上海的IT公司进行调查发现，工程师的高流动性导致公司难以控制专有资料，所以工程师被认为是"技术窃贼"，受到公司的孤立甚至仇视。

中国工人这一主题吸引了大量的定性研究，然而对中国船员的研究却很少。总的来说，中国经济改革取得了巨大成就，中国企业正朝着创造利润、提升竞争力的方向蓬勃发展。与西方社会发展历程相似，中国工人在经济发展过程中工作条件有所下降，有些工人的权利和利益没有得到有效保护。

第三节　中国航运业改革与发展

本书中很重要的一部分是关于经济改革对中国航运业的影响以及中

国船员状况的相关文献综述。首先，本书将简要回顾截至 2010 年中国航运业的改革和发展历程。

航运业是中国最早对外开放的产业之一，发展迅速。中国从 20 世纪 50 年代起步，迅速转变成当今国际航运市场上的巨人。在这一过程中，中国航运企业不断改革是其发展壮大的一个重要动力。自 20 世纪 90 年代，伴随着产业转型，中国迫切需要大量航运劳务人员。这在某种程度上促进了中国船员劳务市场的发展。本部分主要对中国航运产业的发展进行回顾，具体介绍截至 2010 年航运企业的改革、整个航运业的发展以及船员劳务市场的演变。

一 中国航运企业改革——中国远洋运输公司案例

1949 年中华人民共和国成立之初，由于长期的内外战争，剩下的船只寥寥无几，中国的航运业几乎不存在。1951 年，由于迫切需要恢复外贸，中国政府与波兰一家航运公司合作，建立了中波航运公司。然而，这远远无法满足中国经济持续发展的要求。中国政府最终决定加速建立中国自己的商业船队。1961 年，第一支国有远洋舰队成立，同年中国远洋运输公司（中远）成立（Song，1990）。

从 20 世纪 60 年代到 70 年代，中远发展迅速。1961 年，中远还是一家小型航运公司，拥有 4 只 3 万载重吨货轮，1975 年货轮的载重量增加到 500 万载重吨（中国远洋公司，2010）。中远先后建立了 5 个分公司——1961 年建立了广州分公司，1964 年建立了上海分公司，1970 年建立了天津分公司，1976 年建立了青岛分公司，1980 年建立了大连分公司。中远不断扩大其航线覆盖范围，1967 年建立了第一条国际班轮运输线，将航线覆盖范围从亚洲发展到欧洲；1978 年将其航线发展到澳洲；1979 年将其航线发展到美国，这也象征着中美两国海上贸易关系的恢复。1949 年后，中国船员劳务外派业务重新开始，1979 年中远向一家日本航运公司输出船员（中国远洋公司，2004）。

1980～2010 年，中远的发展以 1993 年为分界点，大致可以分为两个阶段：微增长阶段和快速增长阶段。从 1979 年到 1993 年，受到以将国有企业转型成独立的经济实体为目的的中国企业改革的影响，每个月在北京召开的国有航运公司航运任务分配计划平衡会议被取消（Wan，1990）。中远被给予自主决定航运业务的权利。另外，盈利成为中远的首要任务。为了强调这一点以及明确公司在绩效表现方面的责任，中远内部、中远与其上级管理机构以及五个分公司之间签订了"经济合同"。除此之外，在员工雇佣改革方面，终身雇佣制被固定合同制取代。中远开始自己计划并决定员工的报酬。在工资体系中引入了个人绩效工资以提高员工的积极性。然而，由于政府的干预和极少的航运市场竞争，改革的程度非常有限（沈关宝、赵明华、李聆等，2005）。

经历了 20 世纪 80 年代末的缓慢增长，在 20 世纪 90 年代中国组织机构重组和改革的大环境下，中远加速了其改革步伐。随着改革的深化，中远成为中国航运市场甚至全球航运市场上的巨人。

1992 年 12 月 25 日，由于中国政府远洋航运体系改革的需要，中远从交通部独立出来。与此同时，国家发展与改革委员会以及相关管理部门允许中国远洋运输公司更名为中国远洋运输（集团）公司。1993 年 2 月 16 日，中国远洋运输（集团）公司（中远集团）在北京成立（中国远洋公司，2010）。

1995 年，在建立现代企业制度和股权企业制度的政策指导下，中远集团进行了机构重组和资产的重新分配。其目的是创造专门经济和规模经济，增强分公司的自主权。1997 年，中远集团的 400 多只船舶、500 多亿元资产在中远集团分公司内部被重新分配。每一个分公司专营一种航运业务，以创造各分公司的专门经济和规模经济。中远集装箱部门设在上海，管理中远集团集装箱船，专门从事全球集装箱班轮服务；中远大连主要开展全球油轮运输业务；中远青岛和其他分公司主要从事全球干散货航运；中远广州管理传统综合货船和特殊运输船只（沈关宝等，2005）。

除了优化其结构外，中远集团还努力提高经营管理水平并探索更多的方式吸引投资。在改革初期,中远集团就向外国公司学习其先进的管理、组织结构、生产、经营和决策流程。之后,中远集团成立了集团董事会,由董事会决定中远集团的运营,取代了政府的直接行政控制。随着中国投资和合并体系的改革,中远集团在中国上海、美国、新加坡和中国香港等股票市场上市,为其运营提供了更充裕、更灵活的资金(中国远洋公司,2004,2010)。

自20世纪90年代末开始,中远集团的航运业务面临着激烈的竞争。一方面,在2010年前中国保持每年14%的经济增长率,这不可避免地造成航运需求大幅增长。由于大型国有航运公司能够为国际贸易的健康流通提供稳定的支持,因此市场对大型国有航运公司的需求更为迫切。另一方面,中国还涌现了大量的私有和外商投资航运公司。截至20世纪90年代末,中国共成立了120家中外合资航运公司、18家外商投资航运公司、50家外国公司分公司,以及412家外国投资国际货物运输代理处(在随后的章节中,将调查研究它们雇用的人员和雇佣机制)。另外,世界前20强班轮运输公司进入中国航运市场(交通部,2000)。这些公司与中远集团争夺国内和国际海运市场上的份额,竞争激烈。

为了应对这些挑战,中远集团当时与外国航运公司开展广泛的合作,在主要国际航线上,签订共同运输合同。在国内,中远集团实施企业组织机构、经营和信息的国际一体化,并且试图建立一个全球合作网络,更好地发挥市场导向作用,提供迅速、高品质的全球客户服务。2002年中国远洋物流公司在北京成立,设有八个物流分公司。这些公司着眼于国内和国际市场,提供多模式运输和送货服务等。毋庸置疑,这些业务提高了中远集团在国际航运市场上的竞争力(中国远洋公司,2004)。

截至2010年,中远集团舰队的运输能力超过了5000万载重吨,成为世界第二大航运公司,已被列入全球财富500强企业(中国远洋公司,2004)。

不同所有制航运公司的改革和快速发展为中国航运业的发展做出了巨大的贡献。

二　中国航运业的快速发展

从 20 世纪 90 年代开始，在中国航运企业的驱动下，航运业成为国家的支柱产业之一，运输 80% ~ 90% 的交易商品，极大地支持了中国的对外贸易（陈细民，2008）；每年贡献 8% ~ 10% 的国民经济产出（鲍君忠、刘正江，2008；刘仕锋、贾婷婷，2008）。快速发展的航运业其特点体现在以下四个方面。

第一，中国船只数量和净载重吨位（DWCT）。

2009 年，中国拥有超过 176900 只船舶，其中有 164800 只内河船只、10018 只国内沿海运输船和 2079 只远洋商船（交通部，2010）。随着船队规模的扩大，2005 年中国船舶净载重吨位与 20 世纪 80 年代相比增长了近 10 倍（见图 1-1）。特别是公共运输船舶的净载重吨位增长显著，而私有运输船舶的净载重吨位增幅不大，仅占中国船舶总载重吨的一小部分。这主要是因为，自 20 世纪 90 年代起，数以百计的私有和外国航运公司在中国出现，但是它们的规模都很小，而且这些公司中很多

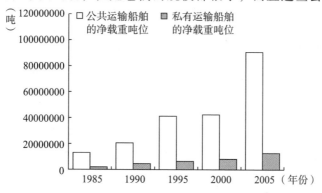

图 1-1　1985 ~ 2005 年中国籍运输船舶净载重吨位增长情况

资料来源：国家统计局：《民用运输船舶拥有量》，2009d。http：//www. stats. gov. cn/tjsj/ndsj/2009/html/P1530e. htm，最后访问日期：2010 年 11 月 15 日。国家统计局：《私人运输船舶拥有量》，2009e。http：//www. stats. gov. cn/tjsj/ndsj/2009/html/P1531e. htm，最后访问日期：2010 年 11 月 15 日。

是"单船"公司，没有长期计划，只是在航运市场繁荣的时候开展航运业务，而在市场衰退的时候，灵活退出；它们雇用临时船员，实现雇用的灵活性（Zhao，2002）。

第二，远洋货运量和中国港口货物吞吐量。

海上运输的货运量也大幅增加。从远洋货运量（见图1-2）和中国主要沿海港口货物吞吐量（见图1-3）可以看出，2005年远洋货运量是1990年的5倍，2005年主要沿海港口的货物吞吐量是1985年的10倍。从2003年到2007年，中国港口货物吞吐量一直保持世界领先水

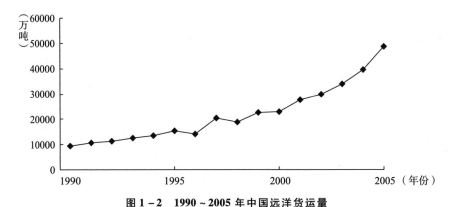

图1-2　1990~2005年中国远洋货运量

资料来源：国家统计局：《货运量》，2009a。http://www.stats.gov.cn/tjsj/ndsj/2009/html/P1508e.htm，最后访问日期：2010年11月15日。

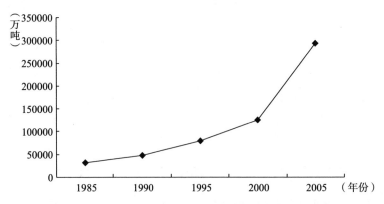

图1-3　1985~2005年中国主要沿海港口的货物吞吐量

资料来源：国家统计局：《沿海规模以上港口货物吞吐量》，2009f。http://www.stats.gov.cn/tjsj/ndsj/2009/html/P1533e.htm，最后访问日期：2010年11月15日。

平（交通部，2003～2007）。

第三，中国航运业的基础设施建设。

随着海上货物运输量的快速增加，中国航运业的基础设施建设在不断完善。中国港口建设的快速发展就是一个例子。这要归功于中国政府权力下放，使得私有企业和合资企业能够积极参与中国港口建设，为港口建设增添活力。

1985年，中央政府在1949年后首次开放14个沿海城市，国家出台优惠政策鼓励私有企业和合资企业加入中国港口建设（王巍、张秋生、张金杰，2004）。然而，由于政府的干预，这些政策直到20世纪90年代才实施（Frankel，1998）。自20世纪90年代起，私有企业和合资企业为中国的港口建设做出了巨大贡献。从1979年到1992年，中国仅建设了50个港口。然而在1993～1999年这七年的时间里，中国建设了185个港口（王巍、张秋生、张金杰，2004）。截至2000年，私有企业和合资企业拥有中国70%的集装箱码头，60%的港口设施是私有的，超过50%的对外贸易是通过私有企业的码头实现的（Frankel，1998）。

2000年后，中国港口规模特别是大型港口规模大幅扩大。2009年，中国拥有14个吞吐量超过1000万吨的大型港口，成为世界上拥有大型港口最多的国家（国家统计局，2009f）。从2004年到2007年，上海港凭借其巨大的货物吞吐量成为世界最大的港口。2008年，8个中国港口列入世界20大集装箱港口，其中6个名列前十。上海港名列第二，香港港和深圳港分别名列第三和第四。另外3个中国港口——广州港、宁波港和青岛港分别名列第七、第八和第十（Lloyd's List，2008）。

第四，新建泊位数量。

中国航运业基础设施的成功建设还体现在沿海城市新建泊位数量的快速增长方面，尤其是在2000年后至2010年前（见图1-4）。2007年，中国新建泊位数量达到211个，约是2001年的5倍；新建10000吨以上泊位数量快速增长，从2001年的18个增长到2007年的114个。泊位的快速建设，尤其是10000吨以上大型泊位的快速建设，大大提高了中国港口货物吞吐能力，使得港口能够更好地服务中外船舶，提高了港口的国际竞争力（见图1－5）。

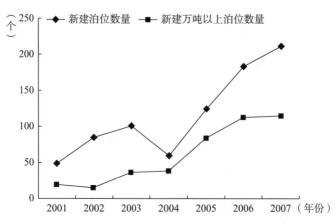

图1－4　2001～2007年中国新建泊位数量的变化趋势

资料来源：交通部：《公路水路交通统计分析报告》（2001～2007年）。http://www. moc. gov. cn/05tongji/tongjifx，最后访问日期：2009年11月13日。

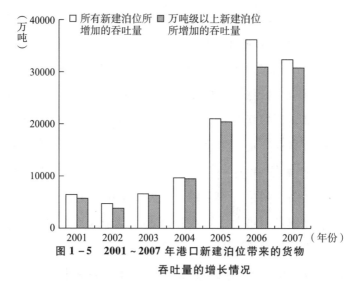

图1－5　2001～2007年港口新建泊位带来的货物
吞吐量的增长情况

资料来源：交通部：《公路水路交通统计分析报告》（2001～2007年）。http://www. moc. gov. cn/05tongji/tongjifx，最后访问日期：2009年11月13日。

三　中国船员劳务市场的出现和发展

中国航运业的快速发展促进了中国船员劳务市场的改革。航运业的快速发展对船员劳动力产生了巨大需求。据估计，中国船员数量从1998年的33万人（Zhao，2000b）增长到2001年年底的39.4万人①（沈关宝等，2005），2007年增长为大约50万人（刘仕锋、贾婷婷，2008；陈细民，2008）。与此同时，中国船员劳务市场出现。

在经济改革前，中国没有劳务市场，工人都是根据政府计划被分配到某一单位。政府也直接控制着工人的雇用，单位对此没有决策权、自主权。在经济改革前，单位和工人的雇佣关系具有稳定性的特点（Warner and Zhu，2000）。

自中国经济改革以来，特别是自20世纪90年代开始，几股力量推动着中国船员劳务市场的演变。第一也是最主要的推动力是中国经济改革。在中国经济改革背景下，雇员和雇主之间建立了双向选择体制，代替了原有的计划体制，即工人分配机制。第二推动力是航运公司的改革。特别是私有企业和外商投资企业的出现催生了对签订固定期限合同的船员劳务的大量需求。第三推动力是1995年《劳动法》的实施。这使得在1995年以前船员劳务冗余的私有企业可以解雇员工，将工人从传统的终身雇佣状态中"解放"出来，并使雇佣关系建立在固定期限合同的基础上（沈关宝等，2005）。

在这些主要推动力的作用下，数以百计的船员劳务外派公司建立起来，主营劳务资源分配业务，以满足航运公司的需求。很多船员参与了分配过程。随着全球船员劳务市场对中国的开放，中国船员不再受限于国内的航运公司，在原则上，他们可以进入全球市场，到外国船舶上工作。

中国的船员劳务外派业务始于1979年，中远调用29名船员到一只日本舰船上工作（中国远洋公司，2004）。从20世纪90年代开始，中国船员向国际劳务市场的输出数量逐渐增加。从1992年到2006年，船员输出量增长了3倍（见图1-6）。

---

① 这一数据是研究人员根据中国船员服务书上的数据估计的。这主要是因为研究人员研究发现，政府部门给出的数据缺乏一致性和连续性，所以估计了这一数据。

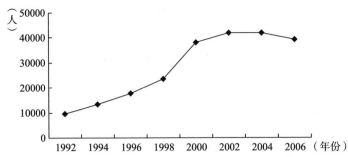

图1－6 1992～2006年世界船员劳务市场上中国船员的数量

资料来源：鲍君忠、刘正江：《中国航海教育和培训体系》，载《2008深圳国际海事论坛论文集》，人民交通出版社，2008。

尽管如此，2003年在全球劳务市场工作的中国船员仅占全球劳务市场上船员总量的6.1%，这一份额不到菲律宾船员在全球船员劳务市场份额（27.8%）的1/4（Ellis and Sampson，2008）。

中国船员的劳务输出规模也明显小于国际航运业和外国学者的预期。波罗的海国际海运理事会/国际航运联合会（BIMCO/ISF）预测："2000年中国船员向全球市场的输出量可能会超过8.9万名，到2005年，将有10.4万名船员涌进全球船员劳务市场。"然而，如图1－7所示，波罗的海国际海运理事会/国际航运联合会的预计与实际数量存在明显差异。

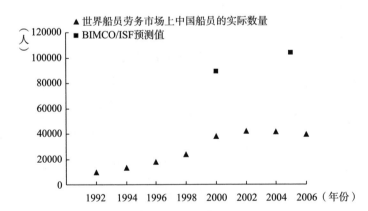

**图1－7 1992～2006年世界劳工市场中实有中国籍船员数量和
BIMCO/ISF预测值**

资料来源：鲍君忠、刘正江：《中国航海教育和培训体系》，载《2008深圳国际海事论坛论文集》，人民交通出版社，2008；BIMCO/ISF（1995）。

　　还有一些研究人员表示，中国船员将强势涌入国际劳务市场，并可能取代菲律宾船员（Li and Wonham, 1999）。然而，这与现实相差甚远（见图1-8）。

　　自20世纪90年代起，就一直有关于中国船员劳务输出的争论。在下一节中将针对一些学者的观点进行讨论。

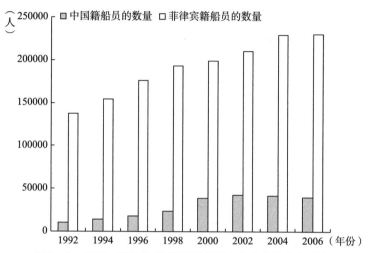

图1-8　1992~2006年世界船员劳务市场上菲律宾船员和
中国船员的数量

资料来源：鲍君忠、刘正江：《中国航海教育和培训体系》，载《2008深圳国际海事论坛论文集》，人民交通出版社，2008；Philippine Overseas Employment Administration. *Compendium of OFW Statistics* 2006，2007a. http：//www. poea. gov. ph/stats/2006Stats. pdf；Philippine Overseas Employment Administration. *Deployed Landbased and Seabased Workers* 1984 - 2002，2007b. http：//www. poea. gov. ph/docs/Deployment% 20Summary% 20（LB ＿ SB）% 201984％ 20to％ 202002. xls。

第四节　"中国船员全球化"的观点

一　航运业观点

　　伴随着中国的经济改革，早在20世纪90年代，国际航运业就盛行一种观点：大量中国船员将涌入世界船员劳务市场。

　　1998年，在中国青岛召开的会议报告了中国船员劳务输出的发展进程。在会议后，来自不同国家的许多航运业专业人士均赞同"中国船员兴起"这一观点（Lloyd's List，1998）。特别是与会的 Tony Lane，其表述如下："通过此次会议，我感受到越来越多的公司愿意尝试雇用中国船员。至少我就知道一个大型航运公司现在已经做好了签约准备。"

另外一篇文章（Lloyd's List，2000a）也提出："在经过许多次错误的开始后，中国开始以主要的劳务输出国出现……"

Sherwood 先生（Delta Marine 公司的总经理）在 2000 年，即他的公司投资中国船员劳务市场两年后说："我认为（中国船员劳务外派）潜在市场巨大。但这是未来的事……我认为这不是一个无底洞，但它将会发展成一项重要资源。"（Lloyd's List，2000c）

Lloyd's List（2000b）也提出类似的观点，认为在不久的将来，中国船员劳务输出将快速增长。

除了来自行业人士的讨论外，也有一些研究人员讨论中国向全球船员劳务市场的劳务输出问题和中国船员劳务市场的改革问题。但其观点存在争论。一部分学者如沈关宝等（2005）和 Zhao（2000b，2002）认为，由于存在许多约束，很难预测中国船员劳务输出将有大幅增长。而另一部分学者如 Li 和 Wonham（1999）、Sharma（2002）、Wu（2003，2004a，2004b）、Wu 等（2007）认为，中国有希望成为全球劳务市场上最大的船员劳务外派国。

二　学术界观点

沈关宝等（2005）讨论了中国船员劳务市场的改革，并提出了一些问题。第一，市场机制不够合理，主要表现在薄弱的社会保险体制和不规范、混乱的市场秩序上。第二，中国船员的雇主——中国航运公司和船员劳务外派公司——管理经营不规范，缺少市场导向；中国船员缺乏维权意识与能力，过分依赖国有企业。第三，随着中国经济的发展，航海业的声望在降低，船员的社会地位也在下降。根据这些问题，沈关宝等（2005）总结，在未来几年内，中国船员向全球劳务市场的输出不会大幅增加。

Zhao（2000b，2002）研究了中国船员劳务市场的改革。她注意到：一些国有船员劳务外派公司缺乏改革，并且船员在劳务市场上无法自由流动；另外，这些公司在外国船只雇用中国船员方面没有有效的规章制度和管理规范。这些文章强调中国船员劳务输出的发展会受到各种复杂因素的影响，例如中国社会保障制度、中国船员的英语水平、世界船员劳务市场的动态发展等。因此，考虑中国船员在全球劳动力市场的输出问题时，Zhao认为不能武断地得出简单的结论，并提出中国船员在国际市场上面临机遇，同时也面临挑战的观点。本书将对这一观点进行讨论。

然而，还有一些研究人员持有截然不同的观点。他们认为中国船员劳务输出会显著增加。Li和Wonham（1999）评价了波罗的海国际海运理事会/国际航运联合会1995年的报告，指出其低估了全球劳务市场上中国船员的输出（从图1-7中可以看出，报告夸大了输出的规模）。他们认为，"中国具有巨大的潜力替代菲律宾成为主要的船员输出国"。随着中国经济改革的深化，中国航运公司可以在中国海事教育与培训方面与外国航运公司合作，提高中国船员的英语水平和技能，实现这一目标。

Sharma（2002）认为，中国将兴起成为全球船员劳务市场新的领军者。他解释道，中国在人口数量、培训基础设施和职业机会的可选性三个方面都保持领先，这就可以保障向全球船员劳务市场的足够输出。

Sharma还认为，中国船员服务外国船舶的主要障碍是薄弱的英语能力和较短的职业任期。然而，考虑到中国完善的国家政策以及政府的大力支持、中国船员劳务外派公司向全球船员劳务市场输出的积极性、健全的培训基础设施，以及外国航运公司与中国航运公司合作进行的培训和船员招募，Shama认为这些障碍都可以克服。

此外，还有一些学者支持中国船员出口将大幅增长的观点，认为数百家独立的船员劳务外派公司的出现可以使中国船员到外国船只上工作的机会增加（顾剑文，2002；Wu，2004a；Wu et al.，2007；印绍周、李冰、尹庆，2008）。例如，Wu 等（2007）认为，"外派公司/管理公司的形成和发展为自由船员到国外船只上工作开辟了新的渠道"。

持有中国船员将大量涌入全球船员劳务市场的观点的研究人员面临以下问题。第一，他们既没有深入考虑中国船员劳务市场的内部问题，也没有讨论问题的复杂性（Zhao，2000b，2002；沈关宝等，2005）。第二，尽管他们提到，一些中国船员劳务输出存在障碍，但是他们认为随着经济改革的继续和深化，这些问题会迎刃而解。第三，他们认为，数百家船员劳务外派公司在中国出现意味着船员劳务输出数量提高，却没有任何证据或深入的研究检验船员劳务外派公司的经营或其外派的能力。因此，他们得出的"由于中国的经济改革，一个自由化的船员劳务市场已经建立，这将势必加速中国船员向全球劳务市场的输出"的这一结论值得商榷。

本书的结论不同于上述观点。尽管经济改革已经进行了 30 多年，但是 2010 年时中国的船员劳务市场并不像人们所设想的那样自由化，并且船员劳务外派公司没有演变成完全以市场为导向的经济独立体。这也是中国船员劳务输出增长量有限的原因之一。

在研究中，一些研究人员不仅对中国船员劳务市场的改革感兴趣，他们还关注经济改革对中国船员的影响。例如，Zhao（2000a，2002，2006）对这一问题进行了研究，讨论涉及中国航运公司在雇佣关系方面的变化，不同级别不同职位船员社会地位和经济差别的产生，以及在经济发展和船舶技术现代化、自动化的趋势下船上船员人数减少和船舶在港靠泊时间缩短对船员的工作经历的影响。她得出的结论是：在经济改革和经济全球化的背景下，船员的工作环境和福利待遇在恶化。

Zhao（2006）的研究关注船员中的特殊群体，比如女性船员和船上政委。她认为，改革开放后中国女性船员不再从事航海工作，而在客船上从事服务工作，这意味着中国航海业中女性职位的降低。她还总结道，作为经济改革的结果，政委的工作重点已经从计划经济时期的政治宣传转变成关注船员的工作、生活和福利待遇。

吴斌（Wu, 2004a, 2004b；Wu et al., 2006；Wu and Morris, 2004；Wu et al., 2007）从经济学的角度考虑了经济改革对船员的影响，以及其对中国船员输出可能造成的影响。与 Zhao（2000b, 2002）的观点不同，吴斌认为中国的经济改革给中国船员带来了到国外船舶工作的机会，这可以为中国船员提供比在国内船舶上工作更多的利益，比如高工资、更多的就业机会、理性平等的管理（Wu, 2004a, 2004b；Wu et al., 2006；Wu and Morris, 2004；Wu et al., 2007）。因此，他预测中国船员将成为自由船员，并且受到在外国船舶上工作机会的吸引，将大量涌入国际船员劳务市场。

在经济改革和经济全球化的背景下，吴斌对中国船员利益的探究也许是正确的。但是，本研究认为，经济转型给船员带来的影响远比吴斌的研究要复杂。吴斌的想法只是一个简单的模型，这个模型简单地认为市场改革导致自由船员的出现，从而大幅增加船员劳务外派量。然而，本研究表明船员劳务外派量的增加是有限的，船员由于一些特定原因无法离开他们工作的国有公司成为自由船员。

本书试图通过分析 2006～2010 年两家国有船员劳务外派公司（本书称为 Ag1 公司和 Ag2 公司）的船员雇佣和劳务输出战略，以及船员的工作经历，阐述当时中国船员劳务市场的改革情况，进一步揭示高估中国船员劳务输出量的原因。

在通过案例研究探讨船员工作经历之前，本书首先介绍当时两家船员劳务外派公司所处的环境，再进一步解释为何选择这两家船员劳务外派公司做案例分析。同时，还将介绍本研究所应用的方法。下一章将对此做出详细介绍。

第二章　中国船员劳务外派公司的发展以及本书的研究方法

　　自经济改革以来至 2010 年，在中国船员劳务市场上出现了数百家独立的船员劳务外派公司（顾剑文，2002；Wu，2004a；Wu et al.，2007；印绍周、李冰、尹庆，2008）。然而，很少有人认真研究这些不同所有制形式的劳务外派公司的发展以及它们在船员劳务输出方面所做出的贡献。

　　本章主要研究上述问题，其目的是综合阐述中国船员劳务市场在当时的开放程度，解释船员劳务输出增长率较低的原因。按照劳务外派公司在中国注册的时间顺序，本章首先介绍两家国有船员劳务外派公司。一家是独立的国有船员劳务外派公司，另一家是国有公司附属的船员劳务外派公司（简称国有附属船员劳务外派公司）。其次，本章介绍了私有船员劳务外派公司和外资船员劳务外派公司在 2010 年前的发展情况。每一部分侧重研究以下两个方面：第一，船员劳务外派资格的批准；第二，船员劳务的雇用。最后，介绍了本研究使用的研究方法。

第一节　国有独立船员劳务外派公司

一　与外籍船东的合作及派遣资格

　　自 20 世纪 80 年代初国有独立船员劳务外派公司出现起，国有独立船员劳务外派公司就得到中国各级政府的支持，被批准拥有船员劳务外派资格。建立国有船员劳务外派公司的目的在于提高中国船员在国际劳务市场上的参与度。1995年实施的《劳动法》和2008年实施的《劳动合同法》规定，不允许外国雇主直接雇用中国工人为其在海外工作，必须首先由中国代理公司雇用中国工人，然后由代理公司向外国雇主派遣。实行这一规定的目的是保护中国航运公司及劳动力资源。因此，国有独立船员劳务外派公司一经成立，就被赋予向外国船只派遣船员的全部资格。船员、国有独立船员劳务外派公司、外国船东三者之间的合同关系如图2-1所示。

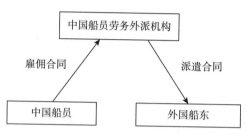

图2-1　船员劳务外派过程中的合同关系

从图2-1中可以看出，在船员劳务外派过程中涉及多种合同关系。首先，国有独立船员劳务外派公司作为船员劳动力的买家，与船员签订雇佣合同，决定所有雇佣问题。其次，国有独立船员劳务外派公司与外国船东签订人员派遣合同，外国船东作为船员劳动力的使用者，支付给劳务外派公司船员劳动力使用费用。这样，船员的雇佣直接依赖劳务外派公司。

二　国有独立船员劳务外派公司的船员劳务管理

国有独立船员劳务外派公司的船员劳务管理灵活。它们使用不同方法管理高级船员和普通船员。

国有独立船员劳务外派公司接受政府财政支持，雇用大量的注册船员。中国劳务市场缺少自由的高级船员，这些注册船员大多数是高级船员（在本章的第三节中将讨论中国自由船员的数量和质量）。许多新注册的高级船员从海事院校毕业，被国有独立船员劳务外派公司录用。国有独立船员劳务外派公司支付给教育机构一大笔费用（每个学生1万元到3万元，不同学校提出的支付金额不同）。

国有独立船员劳务外派公司通过签订固定期限合同（5~8年）以留住大量的注册高级船员。根据新《劳动合同法》的规定，注册船员的雇佣问题，特别是他们在船上的工作机会由劳务外派公司决定。除非劳务外派公司安排，否则不允许船员上船工作。为了对此进行控制，船员在休假期间，驾驶执照由劳务外派公司保管。另外，国有独立船员劳务外派公司像其他国有代理机构或公司一样，为注册高级船员提供培训、社会保障和其他非工资待遇。

然而，国有独立船员劳务外派公司不雇用大量的注册高级船员。当注册高级船员数量不足时，国有独立船员劳务外派公司从市场上临时雇用或临时从其他国有航运公司调借少量的注册高级船员。

普通船员的管理不同于高级船员。普通船员的工作属于低技能性的。在劳务市场上有很多剩余的普通船员，船员劳务外派公司可以轻松地从市场上用很低的工资招募到足够多的普通船员（韩杰祥，2008；黄国勇，2008）。因此，国有独立船员劳务外派公司灵活招募自由普通船员，与他们签订航次合同，这样劳务外派公司就不用给他们提供注册船员才拥有的待遇。

拥有固定数量的注册高级船员以及政府颁发的劳务外派资格是当时国有独立船员劳务外派公司开展劳务输出业务的基础。这些优势来源于各级政府的政策和财政支持。

第二节　国有附属船员劳务外派公司

一　派遣资格

国有附属船员劳务外派公司是中国国有船员劳务外派公司的另一种

形式。不同于由各级政府建立的国有独立船员劳务外派公司，国有附属船员劳务外派公司是由国有航运公司响应"人船分离"政策（将船员劳务资源管理同船队管理分离）建立的。这项政策建立在 1992 年 10 月召开的中共十四大提出的政策基础上，其目的是建立现代法人体系。成立国有附属船员劳务外派公司的目的是提高船员劳务管理的专业性，为国有航运公司的管理者和工人提供更多的工作机会，通过减少劳务成本提高航运公司的利润；另外，希望国有附属船员劳务外派公司以市场为导向，大规模开展船员劳务外派业务。最终在 20 世纪末，在其所属航运公司和中国政府的支持下，国有附属船员劳务外派公司获批船员劳务外派资格。合同所涉及的劳务输出过程与国有独立船员劳务外派公司相同（见图 2 - 1）。

二　国有附属船员劳务外派公司的船员劳务管理

不同于国有独立船员劳务外派公司对劳务的灵活管理，许多国有附属船员劳务外派公司雇用的高级船员和普通船员人数过多，存在船员过剩问题。除了新招聘的人员外，大多数船员是在 20 世纪 70 ~ 80 年代改革还未深化的时候被航运公司录用的。在那个时候，政府要求航运公司帮助政府实现百分百就业，造成公司人员过剩。尽管在 20 世纪 90 年代进行了企业改革，但是政府仍然禁止企业解雇过剩工人，以便保持社会安定。尽管国有附属船员劳务外派公司成立的目的是独立自主地管理所有船员资源，但是仍然无法解雇过剩船员。这样，在政府和其所属航运公司的支持下，国有附属船员劳务外派公司通过雇用过剩船员来实现其社会责任。

国有附属船员劳务外派公司对注册船员的管理与国有独立船员劳务外派公司基本相同。在某些情况下，国有附属船员劳务外派公司的船员由于受到其所属航运公司更多的支持可以享受更好的社会保险和非工资福利。然而，由于国有附属船员劳务外派公司的劳务过剩，其船员的晋升和工作机会比国有独立船员劳务外派公司的船员要少。

除这两种所有制形式的船员劳务外派公司外（国有附属船员劳务外派公司和国有独立船员劳务外派公司），在中国船员劳务市场上还有私有船员劳务外派公司。由于外资船员劳务外派公司在我国至今仍被禁止注册，因此本书不对其情况进行讨论。第三节将重点介绍新成立的、被学者们所期待能够对中国船员劳务输出做出实质贡献的数百家私有船员劳务外派公司截至2010年的经营管理情况（Wu, 2004a; Wu et al., 2007; 印绍周、李冰、尹庆, 2008）。

第三节　私有船员劳务外派公司

有些研究认为在2010年前国有船员劳务外派公司和私有船员劳务外派公司在中国航运业拥有同等的权利，这种观点是错误的，因为船员劳务外派业务受到劳动力资源和外派资格这两个重要因素的影响。下面从这两个方面分析当时中国私有船员劳务外派公司的情况。

一　缺少船员劳务外派资格

中国私有船员劳务外派企业不同于中国其他类型私有企业。直到2004年《对外劳务合作经营资格管理办法》政策实施，国家才允许其注册经营。这一政策的颁布主要是由于中国经济改革的进一步深化，尤其是2000年后发生的变化。一方面，中国航运市场的繁荣造成私有和外资航运公司数量快速增长。不同于国有航运公司，这些公司大多规模比较小，没有自己的船员。因此，这些非国有航运公司需要大量船员。另一方面，由于中国改革机构重组，许多航运公司破产，大量工人下岗。船员劳务外派公司需要分散人力资源。这些因素促成了私有船员劳务外派公司注册条例的变化。

尽管出台了这一新政策，但是由于当时注册政策的苛刻要求，大多数私有船员劳务外派公司仍然无法像国有船员劳务外派公司一样注册，以及与外资企业开展劳务合作。

　　《对外劳务合作经营资格管理办法》于 2004 年 7 月 26 日由商务部颁发实施，当时要求：申请企业至少注册三年，注册资本不少于 500 万元（中西部地区为 300 万元），公司资产负债率不超过 50%，并且没有不良信用记录；公司必须配有健全的管理体系，并通过 ISO9000 质量管理体系认证；与外资企业进行劳务合作必须支付适当的储备金（100 万元，中西部地区为 90 万元）；办公地点必须固定，且不小于 300 平方米；不少于 10 个专业行政管理人员（包括 5 个拥有大专或更高学历的有关对外劳务合作的专业人员，不少于 2 名培训和行政人员，不少于 2 名财务人员和至少 1 名法律顾问）；近三年，公司必须向具有商务部认证的对外劳务合作资格证书的公司提供不少于 300 人的劳务输出；公司监管体系必须齐全。

　　由于这些高标准，除了政府支持的国有企业外，在 2010 年前很少有私有船员劳务外派公司符合这一标准。结果造成当时大多数中国私有船员劳务外派公司无法获得对外劳务合作资格证书。

　　因此，在向外国船舶配备船员的授权方面，2010 年前中国船员劳务外派公司可以分成两类（见图 2-2）。

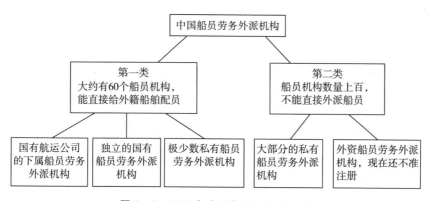

图 2-2　2007 年中国船员机构的分类

　　由于不具备船员劳务外派资格，当时的私有船员劳务外派公司的人员配备能力被大大削弱。中国私有船员劳务外派公司通常是小型企业。很多国有船员劳务外派公司的下属单位（主要是国有独立船员劳务外派公司）在私有船员劳务外派公司需要时，帮助其招聘自由船员。谈到对外劳务业务时，一位私有船员劳务外派公司总经理说道：

> 我们的劳务外派业务主要依赖其他企业（国有船员劳务外派公司）。我们必须向他们支付费用并且受到他们的控制。如果我们能够被批准直接向外国船只进行劳务输出，那我们就乐翻天了。

由于不具备对外劳务输出资格，当时很多中国私有船员劳务外派公司只能从事国内船只劳务派遣业务。

除了不具备对外劳务输出资格外，当时私有船员劳务外派公司的发展还受到船员劳务资源（主要指自由船员）的制约。在2006～2010年雇用了大量自由船员的Ag2公司总经理说："完全依赖自由船员，劳务外派公司就无法打牢基础。"

下一部分探究当时中国自由船员的一些问题，以及这些问题给私有船员劳务外派公司带来的负面影响。

二　中国自由高级船员的问题

由于缺乏政府支持，在2010年前仅有很少一部分小型私有船员劳务外派公司能够雇用正式员工，大多数私有船员劳务外派公司依赖自由船员。在当时的中国船员劳动力市场上尽管有大量的自由普通船员，但是中国自由高级船员的质量和数量不尽如人意。本部分主要讨论当时中国自由高级船员的数量、质量以及对其行为的规范情况。

（一）缺少自由高级船员

中国自由高级船员主要由三类船员组成——20世纪90年代改革时期因航运公司破产而失业的船员、一些自愿离开航运公司的船员、一些海事大学或学院新毕业的学生。

在当时，自由高级船员非常短缺。尽管没有数据来量化其短缺程度，但是下面介绍的实际情况能帮助解释这一情况。

据报道，2006~2008 年一些依赖自由船员的非国有航运公司由于无法招聘到自由高级船员来驾驶船舶，已经出现停运现象（刘正江、吴兆麟、李桢等，2008）。尽管私有船员劳务外派公司依赖自由船员，但是由于自由高级船员数量少，劳务外派公司无法直接从市场上招募到自由高级船员，而不得不通过其他渠道招募。一家私有船员劳务外派公司的调配经理说：

> 当我们寻找自由高级船员的时候，我们不得不让其他劳务外派公司或朋友通过特殊关系来帮忙寻找，因为自由高级船员短缺，如果我们只是打出招聘广告的话，根本招不到人。

由于当时很难从市场上直接招募到自由高级船员，一些私有船员劳务外派公司就从人员剩余的国有船员劳务外派公司借调船员。一家私有船员劳务外派公司的总经理说：

> 很难从市场上招募到自由高级船员，其数量很少。由私有船员劳务外派公司提供的船员主要是从国有船员劳务外派公司借调的注册员工。我们不仅要支付船员工资，还要支付给国有船员劳务外派公司行政管理费用。

那么为什么当时市场上没有足够的自由高级船员呢？原因之一是中国当时的政策。2007 年颁布的《中华人民共和国船员条例》规定，船员被船东雇用的时候需签订劳动合同；船东必须为船员缴纳社会保险，为船员支付工资，工资必须高于当地政府规定的最低社会工资。这一条例的实施主要产生了两方面的影响。

首先，这项政策有助于提高船员的就业率，保持社会稳定。政府为了控制市场上船员的数量，鼓励船员成为国有船员劳务外派公司的注册船员以得到劳务外派公司的照顾。由于得到了中国政府的大力支持，国有船员劳务外派公司的社会责任之一就是保持较高的就业率。结果造成当时中国船员劳务市场上出现了一个非常奇怪的现象：国有船员劳务外派公司人员过剩，却受政府约束不允许解聘船员；而一些私有船员劳务外派公司处于在劳务市场上无法招聘到足够船员的困境之中（李忠海，2006）。

其次，这项政策可以保护中国的航运业。航运业是中国经济中非常重要的一个产业（鲍君忠、刘正江，2008；陈细民，2008；刘仕锋、贾婷婷，2008），这一政策使得国有航运公司控制了船员劳务的绝大部分。

除了这一政策原因之外，当时自由高级船员的短缺还存在其他原因。从供给方面看，航运业的快速发展导致与海上业务相关的陆上工作岗位数量快速增加，比如船舶经纪人和造船公司均需要有经验的高级船员，因此许多中国高级船员包括自由高级船员近年来都转做陆上工作（马雷、许文义，2008）。另外，培养一个海事专业学生需要花费很长时间，这也放慢了海事专业毕业生向该产业输送的速度（在中国，大学毕业生需要花费至少三年时间才能得到资格证书，而普通船员至少需要六年，而且需要通过高难度的考试才能成为一名合格的高级船员）。从需求方面看，2010年之前中国航运业的快速发展以及后来对船员的大量需求是导致这一现象的更主要原因。

因此，2010年前中国船员劳务市场出现了自由高级船员短缺问题。国有船员劳务外派公司控制着固定数量的船员，它们能够向船东提供相对稳定的船员劳务；私有船员劳务外派公司没有正式员工，因而不得不依赖自由高级船员。自由高级船员的短缺限制了私有船员劳务外派公司的发展。

除了自由高级船员数量不足这一问题外，另一个问题是自由高级船员专业水平较低，造成这一问题的最直接原因是缺乏培训。这一问题将在下一部分中进行讨论。

（二）中国自由高级船员缺乏专业培训

从海事学院或大学毕业后，除参加海事局规定的船员晋升考试外，当时中国自由高级船员几乎没有机会参加培训。这主要有以下几点原因。

第一，在中国只有国有船员劳务外派公司由政府和大船东出资组织海事培训，但培训仅限于公司内部正式雇用的船员。即使部分自由高级船员有时被国有船员劳务外派公司（比如国有独立船员劳务外派公司）雇用，他们也不会被列为培训对象。至于私有船员劳务外派公司，作为中国自由高级船员的主要雇用者，它们也不提供培训，因为这些劳务外派公司大多经营规模小，无法承担费用高昂的海事培训。另外，私有船员劳务外派公司出于利润和生存的考虑，不会将资金用于培训那些非正式雇用的船员。再者，任何社会机构都不提供免费的培训。尽管从2003年开始政府投入了数十亿元资金对农民工进行培训以提高他们的就业能力，但是没有实施任何特别政策或者投入资金来提高自由高级船员的能力。自由高级船员的培训被完全忽视。

第二，自由高级船员也很少自愿参加培训。一方面，由于培训费用高昂；另一方面，由于当时自由高级船员紧缺，他们即使不参加培训也很容易获得就业机会。培训及船员的自我学习成为 Ag2 公司管理者关心的问题。Ag2 公司的总经理说：

> 自由船员不参加培训，他们只知道要求高工资。由于船员的紧缺，船东对船员的要求降低，这样自由船员在找工作的时候就没有任何压力。如果有一天海运市场崩溃，不存在高级船员紧缺的时候，他们该如何生存？

Ag2 公司的培训经理说：

> 由于目前自由高级船员紧缺，这些船员不约束自己的行为。他

们不关心是否应该提高自己的技能。当船员不参加必要的培训的时候，他们的质量就会下滑。

不参加培训的一个结果就是当时中国自由高级船员的竞争力水平提高受限。中国船员薄弱的能力被认为是妨碍其进入全球劳务市场的一个重要方面。另外，语言问题也是关键。不同于英语作为官方语言的菲律宾船员，中国船员的英语水平一般较低。Zhao（2002）说：

> 中国在全球船员劳务市场上所占份额是否会出现显著增长将取决于船员英语培训的进展情况。尽管海运公司和海事相关的培训人员、教育人员进行了大量的投资来提高船员的英语水平，但是成人的外语学习注定是一个既漫长又缓慢的过程。缺少说英语的语言环境将进一步限制中国在全球船员劳务供应方面的发展。

没有相应的培训，自由高级船员的质量就无法保证。这给私有船员劳务外派公司的船员输出带来了负面影响。

（三）对自由高级船员缺乏有效管理

公司对自由高级船员的管理相当薄弱（李海燕，2008）。很多自由高级船员缺乏职业素养，这就给当时那些依赖自由高级船员的劳务外派公司在管理上造成了困难。在中国 2010 年前的海事报纸杂志上，很多文章呼吁加强对自由高级船员的管理。下面这篇评论反映了一些问题（马雷、许文义，2008）：

> 当船舶在外国港口停靠时，有时一些不负责任的船员因为想离开船舶而向劳务外派公司提出替换要求，并且声称如果劳务外派公司不同意，他们就不工作，不管怎么样都会离开。为了不对航运造成影响，一些劳务外派公司不得不妥协。但是当劳务外派公司不同

意他们的要求时，一些船员就会采取报复措施，比如向当地行政管理机构上报并且谎称船舶存在问题，如船上设备设施老旧造成船舶在港滞留，给船东带来巨大的经济损失。

Ag2公司的总经理这几年招聘了大量的自由高级船员，他对自由高级船员缺少责任心的问题抱怨道：

> 我们自己的正式船员没有问题，问题总出在自由船员身上。他们缺少责任心。事实上，使用自由船员造成了一些问题。他们很难管理。如果船员中没有自由船员或自由高级船员，那么管理是很轻松的。但是如果高级船员中有自由船员，或者船长是自由船员，那么整个船员队伍的表现都不会很好。自由船员根本不负责任。

自由高级船员的不良表现也遭到了与他们一起工作的Ag2公司正式船员的严厉指责。其中一位船长说道：

> 自由高级船员工作不努力，在船上很难管理。他们总想着怎么能多赚钱。如果他们某一天发现哪家给的工资更高，他们很有可能第二天就放弃目前的工作而换到其他的工作中去。

另外，由于2010年前中国船员劳务市场缺少相应的管理工具，中国船员劳务外派公司无法知晓这些自由船员之前的经历和表现。Ag2公司的调配经理说道：

> 无法管理或责罚这些不负责任的自由高级船员，对其行为也没有相应记录。如果一家劳务外派公司解聘一个自由船员，那么这名船员之前的错误行为不会影响到他被其他给出更高工资的船东雇用。因此，自由高级船员缺乏职业素养，给船员劳务外派公司的管理造成很大困难。

由于缺乏适当管理，一些自由高级船员的不负责任行为限制了船员劳务外派公司的船员外派业务的发展，特别是那些依赖自由高级船员的私有船员劳务外派公司。

通过第三节的讨论可以看出，2010 年前大多数私有船员劳务外派公司没有政府批准的船员劳务外派资格。另外，它们依赖的自由高级船员数量很少，缺乏培训且管理不善。这些就是私有船员劳务外派公司在21 世纪前 10 年劳务输出规模小的原因。

第四节 国有船员劳务外派公司在中国船员劳务输出中的主导地位

本研究在 2008 年进行实地考察的时候，只有 53 家劳务外派公司拥有政府批准的船员劳务外派资格，而且大多数是国有独立船员劳务外派公司和国有附属船员劳务外派公司。这些机构不仅享受政府财政补贴，而且控制着中国大部分船员劳务资源（陈细民，2008；顾剑文，2007）。不同于国有船员劳务外派公司，当时数百家私有船员劳务外派公司不具有船员劳务外派资格，政府不允许其直接与外国船东合作。由于缺少政府的支持，私有船员劳务外派公司发展规模较小（顾剑文，2007；李忠海，2006；张志锋、赵颖磊，2008）。外资船员劳务外派公司目前仍不允许在中国注册。按规定，外籍船东直接招募中国船员属于非法行为（黄忠国、宁伟，2008；Wu et al.，2006；Zhao and Amante，2003）。表 2 - 1 显示了2008 年前中国不同所有制船员劳务外派公司对劳务资源的掌控情况。

表 2 - 1　2008 年前中国不同所有制船员劳务外派公司的情况

机构类型	营业资格	长期雇用的劳动力资源	船员管理
国有独立船员劳务外派公司	有外派资格	高级船员	能够给企业注册船员提供培训和其他管理
国有附属船员劳务外派公司	有外派资格	高级船员和普通船员	能够给企业注册船员提供培训和其他管理

续表

机构类型	营业资格	长期雇用的劳动力资源	船员管理
私有船员劳务外派公司	无外派资格	无长期雇用的船员；依赖没有充分训练和不易管理的自由船员	不能够给船员提供培训和其他管理
外资船员劳务外派公司	不允许注册		

由于国有船员劳务外派公司享有的优势，当时其主导着中国的船员外派业务。据报道，从 1979 年到 1998 年，中远劳务公司为外籍船东和经营者聘用了 15 万名中国船员，享有最大的市场份额（60%）。中海船员对外技术服务有限公司紧随其后，在 1989 年到 1998 年这十年间共提供船员 4 万人，占市场份额的 16%（Zhao，2000b）。直到 21 世纪，国有船员劳务外派公司的主导地位仍十分显著。例如在 2006 年中国共派出船员 3.93 万人，其中大型国有船员劳务外派公司外派人数占 74%（大型国有附属船员劳务外派公司派出船员 1.6 万人，占 41%；大型国有独立船员劳务外派公司派出船员 1.3 万人，占 33%）。其他人员主要由小型国有附属及国有独立船员劳务外派公司派出，私有船员劳务外派公司只起到很小的作用（见图 2–3）。

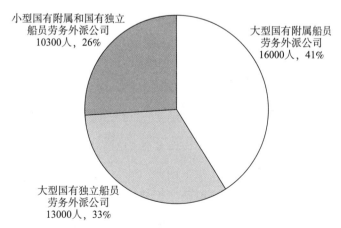

图 2–3　2006 年不同所有制船员劳务外派公司派出船员比例

资料来源：陈细民：《贯彻人性化执法理念，促进海员事业发展》，载《2008 深圳国际海事论坛论文集》，人民交通出版社，2008。

第五节 研究方法

本书主要采用定性研究方法，对两家国有船员劳务外派公司进行了案例研究。本书的数据来源于调研小组从 2007 年 7 月到 2008 年 9 月在青岛的三次调研。对船员和经理进行半结构化访谈（在 Ag1 公司对 34 人进行了访谈，在 Ag2 公司对 38 人进行了访谈），形成了 72 份调研资料。在访谈外，调研小组还收集了相关文件资料，比如公司年度工作报告、公司杂志、经理工作报告、官方文件、船员工资单和政府公布的文件。

青岛被选为调研地点的原因有：第一，同上海一样，青岛是国务院批准的在 1984 年第一批对外开放的沿海城市之一（Song，1990）；第二，青岛也是中国最为重要的海运和港口城市之一，2008 年的货物吞吐量在中国港口中排第五，在世界集装箱港口中排第十（交通部，2008）。中国最为重要的航运公司均在青岛设有分公司。

另外，青岛也是首批开展船员劳务外派业务的城市之一。早在 20世纪 80 年代，当地政府就建立了船员劳务外派公司，发展船员劳务输出业务。Ag1 公司和 Ag2 公司是中国船员劳务外派公司中最大也是最具影响力的两家，对其研究可以在一定程度上了解中国最具活力的船员劳务外派公司的经营状况。

一 研究方法综述

本书主要运用定性研究方法。因为本书主要讨论船员和经理对他们所在的船员劳务外派公司的看法，以及他们对在经济改革环境下的中国船员劳务市场的看法，从而解释中国船员输出增长率有限的原因。船员和经理的观点为本书分析问题提供了大量有意义的定性数据。另外，系统地总结和阐述企业的管理战略有助于理解船员的感受和经历。

通过结构化访谈来收集本书中的一些基本信息，比如受访者的生平。本研究主要采用半结构化访谈。访谈过程存在一些困难。访谈需要采访者具备一定的采访技巧，比如对受访者所做出的回答有一定的回应，在提问时注意方式方法，以探索和引出重要的信息等。正如 Kvale（1996）所建议的那样，采访者在进行采访前最好先练习。因此，在进行正式采访前，调研小组在 SIRC 先进行了模拟访谈。笔者在 2007 年还进行了先导研究，来提高访谈技巧并完善访谈问题。

关于定性研究的另一个公认的难点是需要采访者与受访者建立良好的关系，这对数据的采集非常重要（Allan and Skinner，1991）。对于笔者来说这不是什么问题，因为笔者曾在一家船员劳务外派公司兼职工作过近两年时间，所以在与船员和劳务外派公司工作交流方面具有丰富的经验。另外，在访问的每一阶段，笔者都十分耐心地与受访者进行交流，并成功与他们建立了良好关系，甚至在访谈结束后与其中一些人成为朋友（关于访谈过程的更多细节会在本书后面的章节中进行介绍）。

最后，组织和分析从访谈中收集来的大量资料也是非常复杂和耗时的一件事（Dey，1993；Ryan and Bernard，2000）。为了解决这个问题，笔者在访谈结束后就立刻对资料进行整理并记录重点内容，而不是留到研究最后。另外，笔者在完成数据分析后，将资料认真系统地分类存档以方便日后使用。在本书写作期间，笔者多次翻阅这些资料，确保其能够方便分析。

二 调研

（一）调研第一阶段

1. 对 Ag1 公司的先导研究

2007 年 7 月，笔者针对本研究进行首次调研。Ag1 公司的总公司是中国整个航运产业的最大经营者。Ag1 公司是当地航运分公司的一个附属船员劳务外派公司（Ag1 公司、当地航运分公司和"最大经营者"之间的关系如图 2-4 所示）。2008 年 Ag1 公司雇用了 52 名经理和 3163 名船员（包括高级船员和普通船员）。

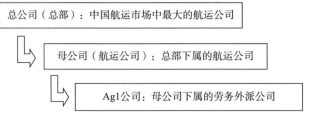

图 2 - 4　Ag1 公司及其母公司、总公司之间的关系结构

对 Ag1 公司进行研究的目的是了解船员对船员劳务外派公司管理的看法以及经济改革给船员劳务外派公司带来的机遇和挑战。

受访者的职位不同，访谈的问题也不同。问题主要集中在两个方面：第一，船员如何看待船员劳务外派公司的管理；第二，经济改革对船员和公司管理带来了哪些影响。

笔者选择了两位正在休假的船员为受访者。其中一位 54 岁的老政委，他出生在城市，高中毕业的时候被政府分配到航运公司工作。他在与笔者的交谈中非常谨慎，避免对敏感话题做出评论，比如对管理的评价。访谈在 Ag1 公司的会议室进行，持续了 40 分钟，进行了录音。另一位受访者是一位船长，40 多岁，毕业于中国最好的海事大学。他出生在城市，1988 年被分配到航运公司工作。他很健谈且乐于表达自己的观点，参与讨论了一些话题。与他之间的访谈分两天，均在劳务外派公司外进行（一次在市中心的咖啡厅，另一次在一家韩国料理店）。每次访谈 2 个多小时，并进行了录音。从与这位受访者的访谈中，笔者得到了大量的信息，引发了对于新问题的思考。

与 Ag1 公司人力资源经理和人事经理的访谈在该公司的会议室进行。每次访谈持续了大约 60 分钟，进行了录音。这两位经理在回答笔者的问题时非常谨慎。有时，他们甚至拒绝回答问题，说"这涉及公司机密"。笔者还发现有时他们所说的与船员所提供的信息相反。尽管如此，几乎所有受访的经理和船员都提到了高级船员紧缺的问题，该问题严重制约了劳务输出的发展。本次访谈中收集的资料为第二阶段访谈内容的修订提供了十分有益的指导。

2. 对 Ag2 公司的先导研究

Ag2 公司建于 1985 年，是中国船员劳务外派公司中历史最悠久、最具影响力的公司之一。不同于 Ag1 公司，Ag2 公司并不附属于航运公司，而是一家国有独立船员劳务外派公司，独立经营。与 Ag1 公司相比，Ag2 公司从建立之初，就与外国航运公司合作，还雇用了较少数量的船员和经理，雇用的大部分船员为高级船员；Ag2 公司从劳务市场上雇用短期的自由普通船员（Ag1 公司和 Ag2 公司的更多信息见表 2 - 2）。到 Ag2 公司进行调研的目的是考察船员对劳务外派公司管理的看法，以及经济改革对劳务外派公司带来的影响。

表 2 - 2　Ag1 公司和 Ag2 公司的基本信息

基本信息	Ag1 公司	Ag2 公司
类型	国有附属船员劳务外派公司	国有独立船员劳务外派公司
建立年份	1995	1985
主要客户	航运母公司	外国航运公司
2008 年可操控船舶数量（只）	46	37
2008 年管理人员数量（人）	52	19
2008 年正式聘用船员的数量（人）	3163	700
正式聘用船员的等级	所有等级	主要是高级船员
2008 年雇用自由船员的数量（人）	0	321 *

资料来源：Ag1 公司与 Ag2 公司两个船员机构。

＊大多数是自由普通船员。

2007 年 7 月和 8 月，参与先导研究的有两位 Ag2 公司的前注册员工（目前为自由船员），以及 Ag2 公司的总经理、贸易经理、调配经理和培训经理。采访自由船员是因为他们可以将在 Ag2 公司的管理经历与在市场上作为自由船员的经历进行对比。这对了解 Ag2 公司的改革以及中国船员劳务市场的状况均有帮助。两名船员在 Ag2 公司的会议室接受采访，各位经理则是在各自的办公室接受采访。每次采访持续一个小时左右，均进行了录音。问题主要集中在：对于自由船员的看法；

自由船员与国有企业船员之间的差异；对 Ag2 公司管理的意见；船员劳务外派公司经营期间面临的机遇和挑战。与 Ag1 公司类似，资料显示，Ag2 公司面临着高级船员短缺和外派业务受限的问题。收集的资料为改进后来的调研提供了保证。

（二）调研第二阶段

本阶段的调研工作于 2008 年 3 月至 7 月末开展，先后对 Ag1 公司和 Ag2 公司进行了访问。对两家公司访问的目的是，通过对船员的管理和企业经营管理情况开展更加广泛的调查，更好地了解船员的感受和经历，分析中国船员劳务市场改革对船员的影响。采访的问题主要有：对于船员调配、晋升、培训、福利待遇以及船员与经理之间的关系等与船员的利益密切相关的方方面面，企业是如何管理的；管理战略发生了哪些变革；而这些变革又是如何影响船员的；船员怎样看待成为自由船员这一问题。在这一阶段的调研中，船员是主要的受访者。

1. Ag1 公司的案例研究

调研小组在 Ag1 公司采访了 21 名船员，其中，35 岁及以上船员 12 人，35 岁以下船员 9 人；有 15 人拥有大专及以上学历，6 人拥有高中学历。他们工作级别不同，在船上的工作岗位不同。这些船员来自中国的不同省份（户籍不同），签署的合同形式也不同（见表 2 - 3）。

表 2 - 3　调研第二阶段 Ag1 公司受访船员的信息

单位：人

		级别		户口		合同类型		
		高级	普通	城镇	农村	注册登记	农民工船员	自由船员
工作场所	甲板	6	5	6	5	5	5	1
	机舱	7	3	6	4	5	4	1
合计		13	8	12	9	10	9	2

注：两个自由船员是 Ag1 公司以前注册登记的员工。不过在采访的时候他们已经不再为 Ag1 公司工作。

笔者从所有在休假的船员中选取了一部分船员来进行访谈。选择受访船员的时候受到一定的限制，因为有些船员因为各种原因不能参加访谈。比如，有的船员家里有事，有的船员正在进行培训。另外，还有一些船员认为笔者是劳务外派公司雇来收集他们意见的，因此拒绝参加访谈，以避免不必要的麻烦。

大部分受访船员都是笔者自己联系的，而不是劳务外派公司经理安排的。为了方便受访者，访谈在不同的地点进行，比如离船员家较近的咖啡厅、船员孩子就读的学校附近（因为一些船员要送孩子上学，这样方便他们接受采访）、餐馆（肯德基、必胜客或当地其他餐馆）以及船员培训中心。有时候，笔者需要坐两个小时的公交车或跑上十多里路去采访。尽管如此，笔者的努力也是值得的，因为船员觉得在他们选择的地点进行交流会比较放心，会更加畅所欲言。另外，笔者还收集了一些提纲中没有涉及的问题。在 2007 年笔者第一阶段的研究中，关于经理口中的一些"秘密"，船员在采访中均有谈到，比如关于农民工的合同问题以及经理索贿等。每次采访大概持续 90 分钟到 120 分钟，均进行了录音。

除了对船员进行采访外，调研小组还采访了 Ag1 公司的前任总经理、劳务经理（退休的调配经理），了解了 Ag1 公司经理拒绝回答以及船员解释不清的问题，比如 Ag1 公司关于经理雇用方面的管理问题、复杂的内部关系、其与航运公司的关系、总公司与政府部门的复杂关系等。访谈分别进行了 87 分钟和 64 分钟，均进行了录音。

2. Ag2 公司的案例研究

Ag2 公司 25 名船员接受了采访。其中 35 岁及以上船员有 13 人，35 岁以下船员有 12 人；有 15 人专科或本科毕业，10 人高中毕业。他们来自甲板或轮机部门，级别不同，来自中国不同的地区，签有不同形式的合同（见表 2-4）。

表 2 - 4　调研第二阶段 Ag2 公司受访船员的信息

单位：人

工作场所		级别		户口		合同类型		
		高级	普通	城镇	农村	注册登记	农民工船员	自由船员
工作场所	甲板	8	7	7	8	5	7	3
	机舱	7	3	5	5	5	4	1
		15	10	12	13	10	11	4

　　这些受访船员同样也是从休假的船员中选取的。在笔者选完之后，调配经理召集这些船员到劳务外派公司进行访谈。访谈由调配经理安排，在公司的休息室进行。休息室房间很小，仅在房间中间有一张小桌子。在访谈的过程中，其他船员不允许进入。每次访谈持续一个小时左右，均进行了录音。从在 Ag1 公司的访谈中，笔者积累了经验，在这些访谈结束后，通过非正式方式成功联系到了 7 名船员。笔者请他们到当地餐馆就餐，或者去他们家里做客。每次后续的采访都持续了两个小时左右，均进行了录音。笔者和船员们谈论了一些敏感话题，一些问题超出了访谈的计划。很明显，船员尤其是农民工船员对管理很不满意。然而他们害怕 Ag2 公司会发现他们泄露了公司的一些秘密或一些负面信息，因此，有些人劝笔者假装没有进行这些采访。

　　除了采访船员外，在第二次调研中，笔者还采访了 Ag2 公司的总经理和工会主席。问题主要涉及劳务外派公司的管理战略及其对船员的影响。

　　在对 Ag1 公司和 Ag2 公司船员和经理的采访过程中，笔者认真倾听并尽力对他们的回答做出回应。

　　在采访的过程中，笔者还把自己的理解情况说给他们听，以确保理解的准确性。在这种情况下，受访者们热情谈论，因为之前没有人倾听他们的心声。一些船员还向笔者咨询，比如他们应该如何解决困难，他们是否应该采取一些行动。

（三）调研第三阶段

第三阶段的调研在 2008 年 8 月至 9 月进行。其目的是系统地研究管理战略背后的原因和机构内部的动态关系，以便更好地理解船员的感受和行为、了解船员劳务外派公司改革的程度。所提问题涉及管理战略的改革、目前战略实施的原因及其对船员造成的影响、劳务外派公司与其上层机构之间的关系，以及工会在两家被调查的船员劳务外派公司中的角色和作用。笔者在 Ag1 公司对经理和工会领导进行了六次采访，在 Ag2 公司进行了五次。所有采访均进行了录音。

笔者采访了 Ag1 公司的经理、公司律师、工会主席、培训经理、人力资源经理、总公司副经理以及其所属的航运公司经理。采访在经理办公室进行。每次采访时间持续 60～90 分钟。一些经理在接受采访时还像 2007 年时一样小心谨慎。比如，经理让公司的律师在他被采访时出席；对于采访中的一些问题，经理未直接做出回答，而是让秘书将这些问题的答案通过 E-mail 发给笔者。这次采访分两天进行，总共持续了 3 小时 50 分钟。培训经理非常有耐心，并愿意和笔者一起分析一些问题。和他之间的访谈持续了 79 分钟，他给笔者提供了一些宝贵信息。

在 Ag2 公司，笔者采访了公司经理、人力资源经理、调配经理、工会主席和培训经理。在访谈中，Ag2 公司的经理比 Ag1 公司的经理更加坦诚，也更放松。这可能是由于 Ag2 公司不像 Ag1 公司与政府关系那样密切，因此 Ag2 公司经理没有那么敏感；或者是因为 Ag2 公司经理参加采访的经验更多并且与外国航运公司或组织的交流更多。与经理之间的交流给笔者提供了丰富的资料，能够帮助笔者了解公司的管理和分析机构内部的动态关系。

参加访谈的船员和经理名单以及船员的背景介绍见表 2－5 至表 2－8（表 2－5 和表 2－6 是在 Ag1 公司的访谈，表 2－7 和表 2－8 是在 Ag2 公司的访谈）。

表 2 - 5   2007 ~ 2008 年 Ag1 公司受访者的职位

采访的第一阶段（2007 年 7 ~ 8 月）		采访的第二阶段（2008 年 3 ~ 6 月）	
身份	岗位	身份	岗位
总经理		前总经理*	
经理	人力资源部	经理**（退休）	调配部
经理	调配部	注册船员	船长
注册船员	政委		二副
			轮机长
	大副		大管轮
			二管轮
N = 5			三管轮
			水手长
			一水
			机匠
			大厨

采访的第三阶段（2008 年 8 ~ 9 月）		自由船员	三副
			三管轮
身份	岗位	农民工船员	船长
总经理和律师			大副
经理	培训部		三副
经理	人力资源部		轮机长
工会主席	工会		二管轮
副总经理	总公司		一水
总经理	母公司		二水
			电工
N = 6			机匠
		N = 23	

注： * Ag1 公司的前总经理在离开 Ag1 公司后被 POCA 雇用担任总经理；** Ag1 公司退休的人事部经理被 POCA 雇佣担任人事部经理。

表 2 - 6   Ag1 公司受访者年龄和学历

单位：人

年龄			学历			
29 岁及以下	30 ~ 39 岁	40 岁及以上	初中	高中	两年制大学	四年制大学
6	10	7	1	6	10	6

表 2 - 7　2007 ~ 2008 年 Ag2 公司受访者的职位

采访的第一阶段（2007 年 7 ~ 8 月）		采访的第二阶段（2008 年 3 ~ 6 月）	
身份	岗位	身份	岗位
总经理		总经理	
经理	培训部	主席	工会
经理	调配部	注册船员	船长 大副 二副 三副 轮机长 大管轮 二管轮 三管轮 水手长 电工
经理	贸易部		
自由船员	一水 大管轮		
N = 6			
采访的第三阶段（2008 年 8 ~ 9 月）		农民工船员	船长 大副 二副 三副 轮机长 二管轮 三管轮 一水 机匠 大厨 水手
身份			
总经理			
经理	调配部		
经理	人力资源部		
工会主席	工会		
经理	培训部		
		自由船员	水手长 二水 一水 机匠
N = 5		N = 27	

表 2 - 8　Ag2 公司受访者年龄和学历

单位：人

年龄			学历			
29 岁及以下	30 ~ 39 岁	40 岁及以上	初中	高中	两年制大学	四年制大学
8	11	8	1	10	11	5

第六节 小结

为了讨论截至 2010 年中国船员劳务市场的开放程度，本章探讨了不同所有制的中国船员劳务外派公司的发展以及它们对中国船员劳务输出所做出的贡献。

在当时，60 多家国有船员劳务外派公司主导着劳务市场；上百家非国有船员劳务外派公司发展规模较小，在船员输出业务中只起到很小的作用。而在其他国家的市场经济中船员劳务市场的情况却并非如此。例如，2003 年，菲律宾有 417 家不同所有制的船员劳务外派公司被 POCA 认可，并与外国航运公司积极开展船员劳务合作（Zhao and Amante，2003）。这一事实表明当时中国船员劳务市场并不像学者所想象的那样自由开放，而是受到政府的强烈控制。政府对船员劳务外派公司向外国船只派遣船员加以限制，大大制约了中国船员劳务输出的发展。

2010 年前，在全球船员劳务市场上工作的中国船员大多是由这 60 多家国有船员劳务外派公司派遣的。为了进一步探究中国船员为何未能"横扫"国际船员劳务市场，本书重点研究在中国可以进行劳务外派的国有船员劳务外派公司的经营状况。下面几章将更加细致地讨论 2010 年前国有船员劳务外派公司的经营状况，来探讨公司的管理战略是如何影响船员及劳务输出的。通过此项研究，希望读者能够更好地了解当时中国船员劳务市场的改革以及中国船员劳务输出增长受限的原因。这些均建立在对一家国有独立船员劳务外派公司和一家国有附属船员劳务外派公司的案例研究的基础上。第二部分对 Ag1 公司这一大型国有附属船员劳务外派公司进行案例研究。第三部分对 Ag2 公司这一领先的国有独立船员劳务外派公司进行案例研究。

第二部分

案例研究一：国有附属船员劳务外派公司（Ag1）

从 20 世纪 90 年代开始，中国出现了大量的船员劳务外派公司。很多人认为这些公司在市场上自由竞争将大幅增加中国船员对全球船员劳务市场的输出。然而，自 2000 年起，中国船员劳务输出实际上一直处于低速增长水平。对预期增长的过高估计主要是由于先前的学者忽视了这些船员劳务外派公司的经营状况以及这些公司以市场为导向的程度。

第一部分已经探讨过，在 2010 年前中国船员劳务市场距离自由市场还有很远的距离；另外还发现当时中国国有船员劳务外派公司主导着整个市场，并且大部分在国际劳务市场上工作的中国船员均由其派出。因此，第二部分重点研究国有附属船员劳务外派公司（Ag1 公司）在 2006～2010 年的管理及其对船员的影响。研究目的是调查船员劳务外派公司当时的改革程度，解释从 2006 年开始 Ag1 公司对外劳务输出业务量下降的原因。在 2007 年和 2008 年两次对 Ag1 公司实地调研的基础上，第三章描述了 Ag1 公司的背景，通过观察其所属航运公司的经营状况，解释 Ag1 公司的改革程度，分析有关 Ag1 公司船员劳动力资源的几个问题。为了寻找 Ag1 公司未能有效开发看似潜力巨大的中国船员对外劳务外派业务的原因，第四章到第六章调查了 Ag1 公司有关船员输出的具体管理战略及其对船员和劳务输出的影响。这将有助于分析 21 世纪前 10 年中国船员劳务输出增长率受限的原因。

第三章　Ag1 公司改革及有效
劳动力短缺

在过去的 20 年里，中国政府采取了一系列措施对国有企业进行改革。国有企业随之而来的变化引起了学者的注意。在分析 Ag1 公司的改革之前，首先回顾一下中国国有企业改革的宏伟蓝图。

第一节　国有企业在自主管理改革方面的局限性

尽管中国经济增长速度令人瞩目，并且如第一章中所讨论的那样，中国企业进行了重要的改革，但是西方一些社会学家认为截至 2010 年中国国有企业在自主管理方面的改革还存在很大的局限性，而且政府的干预阻碍了这一改革的进展。

例如，由于政府的干预，一些国有企业仍在支付大额的工人福利费用，这种政策阻碍了国有企业的发展（Gu, 2001）。另外，一些国有企业的工资预算由政府决定，而不是由企业自己决定。而且，这些国有企业不得不根据政府要求维持高雇佣率（Yueh, 2004）。这样企业就无法自主灵活地制定雇佣决策，结果造成中国国有企业员工的低流动率（Bodmer, 2002）。

除此之外，政府对国有企业的扶持阻碍了企业参与市场竞争，减缓了对计划经济时期的管理战略的改革速度。例如，一些国有企业几乎不使用任何现代人力资源选择和招募政策。因此许多被招募的经理缺乏专业的培训，或者具有很低的受教育水平，在工作中很难应用先进的管理战略（Taylor，2005）；另外，晋升也不取决于个人的能力或表现，而是很大程度上受到资历的影响。不同于西方国家公司，在国有企业体系中，"和谐"这一企业文化仍占主导地位。"和谐"强调工人之间的平等待遇，这就弱化了对个人的激励，导致无法根据员工个人表现来授予不同的物质奖励（Lewis，2003）。

国有企业管理的改革十分缓慢，这一情况从另一方面也得到了证实。国有企业体系仍然保持传统的行政纽带关系，使得总公司对其附属子公司拥有严格的控制权。Hassard 等（2006）发现，由于总公司的权限过大，其附属子公司的发展无法以市场为导向。例如，附属子公司的员工雇佣和解聘问题很多时候是由总公司决定的。当子公司想要解雇一些员工时，他们不得不首先得到总公司的许可；当子公司想要招聘员工时，他们首先要考虑总公司的剩余人员。另外，诸如寻找长期客户、制定条例和投资决定等方面的问题，他们也需要得到总公司的同意。

因此，截至 2010 年一些国有企业在自主管理方面的改革仍然很有限。那么国有船员劳务外派公司的改革情况如何？它们是否像很多人所预期的那样以市场为导向？这些是本章讨论的焦点。

第二节　Ag1 公司的改革

一　Ag1 公司背景简介

Ag1 公司成立于 1995 年。在注册之前，它是一家国有航运公司的船员资源管理部门，负责航运公司的船员调配及外国航运公司的船员调配。

作为一个部门，它从 1982 年起开始发展劳务外派业务，并且业务量不断增加。1982～1995 年，该部门从起初只为一种类型船只调配船员发展到可以为六种类型船只调配人员；进行人员调配的船只也从小型发展到中型，甚至有数百万吨级的船舶；其合作伙伴也从起初的中国香港、中国台湾、亚洲北部和南部地区的航运公司，扩展到新加坡、韩国、法国和美国等国家的航运公司。表 3 - 1 显示了从 1982~1995 年它作为一个部门的船员外派情况。

表 3 - 1　某航运公司的船员外派情况（1982~1995 年）

年份	注册船员数量（人）	外派船员数量（人）	配备船舶（只）	合作的船东（家）	外派业务获取的利润（万元）
1982	1619	15	1	1	4
1983	1658	18	1	1	18
1984	1683	77	5	3	63
1985	1753	65	4	3	44
1986	1885	69	4	3	44
1987	1971	51	3	2	85
1988	2130	54	3	3	102
1989	2179	130	6	4	213
1990	2197	148	6	5	220
1991	2287	318	12	6	430
1992	2373	552	21	12	570
1993	2427	600	23	13	660
1994	2419	558	19	9	1090
1995	2370	712	27	14	1214

资料来源：Ag1 公司内部文件。

自 1992 年开始，国际航运市场开始萧条，航运公司一直受到低利润的困扰。在这种情况下，船员调配业务的利润对航运公司来说非常重要。1995 年，船员调配业务已经成为航运公司的支柱。

Ag1 公司于 1995 年注册成立。在最初阶段，公司仅拥有 22 名职员，其中 7 人拥有高中学历，2 人拥有初中学历，其他均为小学学历。在那时，Ag1 公司的组织结构相当简单（见图 3 - 1）。

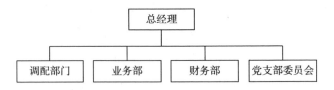

图 3 – 1　1995 年 Ag1 公司的组织结构

资料来源：Ag1 公司内部文件。

成立 Ag1 公司的目的主要体现在两个方面（见图 3 – 2）。一方面，它负责为航运公司管理船员，并为其船舶调配人员。另一方面，它还负责对外国航运公司进行船员派遣。然而，为了保护这一新兴业务，中国政府只给少数几家大型国有企业颁发了劳务外派资格证，直到 2000 年 Ag1 公司才取得劳务外派资格。这导致从 1995 年至 2000 年，Ag1 公司一直依靠一家有劳务外派资格的机构将船员派遣到外国船只上工作。

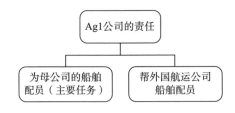

图 3 – 2　Agl 公司的责任

资料来源：Ag1 公司内部文件。

根据 1992 年党的十四大提出的"建立集团公司体系"改革政策，总公司计划于 1995 年将船员资源管理部门从航运公司中分离出来，成立一个以市场为导向的独立公司，以提高其船员调配业务的专业性。这同时将航运公司从管理数千名船员的业务中"解放"出来，使其能够专注航运业务。这一重组改革为航运公司的"剩余"经理和船员创造了更多的就业机会。因为政府一方面禁止解雇员工，另一方面鼓励创造更多就业机会。

出于上述目的，Ag1 公司仍然作为其母公司的一个部门发挥着传统作用。依赖航运公司的支持并在其控制之下经营，这主要与航运公司的不断干预有关。下一部分将通过分析航运公司的改革程度及其对 Ag1

公司的干预来详细解释这一情况。

二 航运公司改革的局限性

航运公司的改革效果十分有限，这体现在航运公司几乎没有自主权来做重要决策。航运公司的船舶由总公司投资或总公司批准购买，因此在决定出售这些船舶的时候需要得到总公司的批准。此外，总公司要求审查航运公司的年度财政预算、年度企业计划，包括年度运输计划、企业结构变化以及年度经济业绩，以此评估公司整体经济绩效，决定利润分配。建立陆上项目，例如建立附属公司和培训学校都需要得到政府和总公司的批准。除此之外，航运公司的高级经理也需由总公司选拔任命，其报酬也由总公司决定。关于客户的选择，航运公司在很大程度上具有自主权。如果有来自政府或总公司的特殊命令，航运公司仍然要服从命令，履行一个国有企业对国家的义务。除了低级管理人员和船员的人事决策和报酬问题，航运公司的结构变化等主要决策都需由总公司批准，这些要求阐明了航运公司有限的自主权及其改革的有限程度。

由于总公司的限制和政府干预，航运公司的改革没有起到作用，航运公司将其附属子公司分离出去、放开其附属业务的改革就是一个例子。下一部分将分析航运公司有关船员劳务管理失败的重组改革。

三 Ag1公司重组改革失败

如前文所述，依据1992年10月党的十四大提出的改革政策，Ag1公司成立。航运公司的目的是重组组织结构，将附属公司变成独立的、以市场为导向的经济体。然而，这项改革在航运公司的实行并不成功。其原因可以归结为政府对解聘剩余劳动力的限制以及对经理工作的保障。

（一）当地政府的干预

航运公司劳动力过剩，过剩率有时高达整个劳动力总数的1/3（将

在第三节中讨论）。另外，因为残疾、受伤或生病等原因，大约有 200
名船员无法上船工作。然而，政府不允许国有企业解聘这些工人，以免
威胁社会的稳定性。当谈论到剩余船员的雇佣问题时，Ag1 公司的工会
主席说道：

> 我们需要通过增加就业率来保持社会稳定。我们不是资本家。
> 如果解雇剩余工人，社会将不稳定，这样航运公司经理就会被解
> 聘。这是一个党领导的公司。如果我们解聘剩余工人，总公司领导
> 就会立刻惩罚我们。

由于政府的干预，剩余船员未能被解聘。因此，Ag1 公司不可能完
全从航运公司中独立出来，或者拒绝雇用其剩余船员，即使这些船员无
法胜任工作。为了避免剩余船员被解聘，航运公司不得不在各个方面支
持并控制 Ag1 公司。当讨论 Ag1 公司的改革问题时，其总公司的副总
经理说道：

> 很多剩余和无法胜任工作的船员都不能被解聘。Ag1 公司不可
> 能像以市场为导向的公司那样去运作，因为 Ag1 公司承担着航运
> 公司的巨大负担，需要雇用其剩余船员。

（二）经理的福利及工作保障

另外，经理享受的福利、工作的稳定性以及总公司和政府给予的支
持使得经理不愿意进行改革。

总公司每年都会制定航运公司需要完成的利润目标。然而，如果航
运公司没有达到这个利润目标，经理既不会受到严厉惩罚，也不会失去
现有职位，最多会损失一些奖金。因为他们可以将原因归结于市场或其
他方面，比如为了国家的利益而牺牲了公司的利润等。因此，航运公司

的经理既不关心利润的增长，也不愿意实行改革。

同时，Ag1 公司的利润对于航运公司来说似乎也不重要，这也可以解释 Ag1 公司忽视重组改革以及发展劳务外派业务的原因。航运公司总经理给出了下列解释：

> 航运公司近几年创造了巨额利润，而船员劳务外派公司在 2006 年创造的 2.5 亿元利润对于航运公司来说并不重要；航运公司不指望船员劳务外派公司来赚钱。

正如前文所述，忽视改革或者利润率低都不会给经理带来实质性威胁，然而实施改革可能会很复杂并且给经理带来麻烦。Ag1 公司的前总经理解释道：

> ……高级经理年龄较大，即将退休。他们担心如果实行改革，船员给他们制造麻烦（比如工人罢工等问题）。领导都考虑自身的收入和位置。当改革涉及风险并且需要领导承担一定责任的时候，他们就不会实行。

工会主席说：

> 大家都知道管理中存在的问题，但是没人提及。原因是：如果没人改变管理，当问题出现的时候就不会有人被谴责。因为这些问题都已经存在 20 年了，而不是由现任的任何一位经理造成的。但是，如果有人改革任何战略，他将负全责并且将会因为产生的后果而受到谴责。因此，保持现有的战略比改革更安全。

因此，经理在他们在任和享受福利的几年里，宁愿保持稳定也不愿意实施任何涉及风险且有损他们利益的改革。

结果导致，计划在20世纪90年代实施的 Ag1 公司重组改革到2008年仍未被实行。1994年，在 Ag1 公司建立之初，其母公司就提出了相应的改革办法："在初级阶段通过在航运公司与船员劳务外派公司之间建立内部市场关系来模拟市场机制。"然而，时至2008年，该"模拟"仍在进行。笔者从 Ag1 公司总经理那里了解到，根本就没有"模拟"或改革，计划也就只是个口号。他说：

> 内部模拟市场意味着没有市场。航运公司与船员劳务外派公司之间没有市场关系。航运公司为劳务外派公司的船员提供全部的物资保障。因此，当航运公司使用船员时，不需要向劳务外派公司支付任何费用。另外，船员劳务外派公司和航运公司之间没有真正的合同关系。虽然，船员劳务外派公司和航运公司之间会签署合同，但该合同只是形式上的，没有任何效力。在目前的关系下，我们把航运公司的船员派到航运公司的船上，不需要支付劳务费。总的来说，劳务外派公司只需要为航运公司提供船员，保证其航行安全，二者之间不存在市场关系。

Ag1 公司总经理认为 Ag1 公司没有从航运公司中分离出来，或者说 Ag1 公司与航运公司之间不存在市场关系。当笔者询问航运公司与劳务外派公司的关系时，Ag1 公司的人力资源经理说："经理的合同是与航运公司签署的；我们是航运公司的人……；我们的工资和社会保险也是由航运公司总公司支付的。"Ag1 公司总经理说道："尽管 Ag1 公司是一个注册公司，但它仍是航运公司的一个部门。"航运公司的总经理说："航运公司将船员劳务外派公司注册成一个公司，意味着我们的一个部门有资格与其他公司建立业务关系。对于其他公司来说，劳务外派公司就是一个公司；但是对于航运公司来说，Ag1 公司是我们的一个部门，因为劳务外派公司的一切都来源于我们。"

因此，政府的约束以及经理所享有的工作保障导致了船员劳务外派公司试图从航运公司中分离出来并摆脱其控制的改革失败。这样，Ag1 公司在企业经营方面几乎没有自主权，而是作为航运公司的一个部门，在得到航运公司支持的同时，也受到其限制。

四 航运公司的支持与限制

Ag1 公司自建立之日起就得到航运公司的支持。起初航运公司决定注册劳务外派公司（Ag1 公司）并注资 500 万元，使其取得必需的商业资质。随后，航运公司为 Ag1 公司租下一栋现代化办公楼并为其购买了办公设施。航运公司还为 Ag1 公司提供了所有的人力资源，从高级总经理、经理到底层船员。除了农民工船员外，劳务外派公司是由航运公司的注册员工组成的。劳务外派公司的所有费用，比如经理和船员的福利待遇、培训费用以及工会资金也都来源于航运公司。当 Ag1 公司亏损时，航运公司为其弥补。依靠航运公司，Ag1 公司不需要为其亏损负责。

同时，Ag1 公司还受到航运公司的严格限制。首先，Ag1 公司的所有净利润都需要上缴航运公司。尽管航运公司设定了一个 Ag1 公司要达到的利润目标，但不允许其独立使用剩余利润。其次，航运公司直接决定 Ag1 公司高级经理的雇佣问题，比如他们的任命、晋升以及工作调动。最后，航运公司还监督 Ag1 公司对初级经理的雇佣管理，并决定 Ag1 公司经理的福利待遇。

关于 Ag1 公司的具体管理战略，比如劳务派遣战略、人员晋升战略和船员的物资保障，也由航运公司规定。如果 Ag1 公司想要对管理战略进行任何改革，首先需要得到航运公司的批准。对于船员的其他管理，比如船员的培训和招聘，Ag1 公司也需要得到航运公司的批准。

航运公司明确表示，Ag1 公司的最主要任务是向母公司的船舶提供最好的船员劳务，而不是扩大其船员劳务外派业务。为了保证对航运公司船舶的人员调配，航运公司通过控制 Ag1 公司的客户来控制船员劳务外派业务的规模。航运公司要求 Ag1 公司在开展外派合作业务前，将客户和商业合作的细节上报获准。除此之外，航运公司在选择和雇用高质量船员方面具有优先权。尽管 Ag1 公司被批准管理和派遣船员，但是对于航运公司选定雇用的船员，Ag1 公司不可以将其外派到其他公司的船舶上工作。

因此，尽管 Ag1 公司是一个独立的注册公司，但是它仍然在航运公司的控制之下，对其利润没有自由分配的权利，对其损失没有责任。

和 20 年前一样，Ag1 公司只能外派航运公司不需要的船员。下一节将介绍 Ag1 公司船员劳务外派情况。

第三节   Ag1 公司船员劳务外派业务

一   按合同类型划分船员的种类

从 20 世纪 80 年代开始，中国经济改革的一个基本组成部分就是雇佣体系的改革。改革计划用灵活的雇佣体系来代替之前的终身雇佣体系，其目的是提高对工人的激励。劳动合同的使用促进了 1995 年《劳动法》的实施。2008 年实行的新《劳动合同法》在建立灵活的雇佣体系方面起了非常重要的作用。

在 1990 年，劳动合同体制被引入航运公司。在 Ag1 公司建立之初，船员根据合同类型被分为三类：与航运公司签订永久合同和固定期限合同的注册船员；与 Ag1 公司签订固定期限合同的注册船员；与当地劳动局签订固定期限合同的农民工。

大部分与航运公司签订永久合同的注册船员是在 2003 年以前招聘的，主要由高中毕业生、一些大学毕业生等组成。目前，许多船员都超过 40 岁。与航运公司签订固定期限（8 年）合同的注册船员享有社会保险和各种非工资福利（将在第五章中详细说明）。

为了让 Ag1 公司承担其管理船员的责任，航运公司规定 2003 年以后招聘的船员与 Ag1 公司签订 8 年固定期限合同。这些船员中许多都是年轻的海事专业毕业生。这些注册船员享受社会保险但不享受其他非工资福利。

Ag1 公司从 1995 年开始通过当地劳动局招聘农民工船员。人力资源经理说："在最近 10 年到 15 年时间里，越来越难招聘到船员。这也是我们从农村招聘更多船员的原因。"

当地劳动局与 Ag1 公司之间的合作机制如下。每年 Ag1 公司将其招聘计划上报给当地劳动局，在劳动局的帮助下选择候选人（24岁以下，高中毕业，会简单的英语）。被选为招聘计划的候选人要接受 6 个月的培训成为普通船员或者在大专学习两年成为高级船员，学费由船员自己负担。毕业后，船员与当地劳动局签订固定期限劳动合同。为了雇用船员，Ag1 公司与劳动局签订合同并支付其管理费用。

1995 年，Ag1 公司大约有 330 名农民工船员，包括 256 名初级船员和 74 名高级船员。同注册船员一样，农民工船员没有选择在哪条船舶上工作的自由，他们需要服从 Ag1 公司的安排。然而不同于注册船员，与当地劳动局签订 8 年固定期限合同的农民工船员在 2005 年之前不享受非工资福利待遇或社会保险。对农民工船员的物质支持只是注册船员福利待遇的一半（将在第五章中详细介绍）。

下一部分将重点介绍从 20 世纪 80 年代到 2008 年 Ag1 公司雇用剩余船员的情况。

二　Ag1 公司剩余劳动力

在当时，由于政府要求保持高就业率，航运公司从 20 世纪 80 年代开始就出现了剩余劳动力问题。到 2008 年，剩余劳动力问题在 Ag1 公司仍然是一个严重问题。表 3 - 2 表明了在不同年份剩余船员的比例。

表 3－2　船员的剩余率

年份	配备船舶数量（只）	船员需求数量（人）	注册船员数量（人）	剩余率（%）
1982	17	612	1619	62
1995	47	1692	3082	45
2006	62	2232	3003	26

注：每只船舶配备 24 个船员，备用率 1.5。船员需求数量 = 配备船舶数量 × 24 × 1.5。

资料来源：航运公司 1982 年、1995 年和 2006 年的综合统计数据。

因此，国有船员劳务外派公司在 2008 年时仍然雇用剩余船员。那么 Ag1 公司如何招聘船员？为什么在经济改革前国有企业就存在的劳动力剩余问题在 Ag1 公司仍然严重？下面将对此做出解释。

三　船员招聘管理

Ag1 公司船员招聘管理的目的是继续保持并增加注册船员的数量。为了达到这一目的，公司实施了一些战略。

首先，Ag1 公司招聘了更多的注册船员，而不是自由船员。人力资源经理说道："所有工作机会都面向注册船员，而不是外部船员。"因此，Ag1 公司不招聘自由船员，包括在劳务市场上大量存在的、很容易找到且低价的自由普通船员。

其次，注册船员要与 Ag1 公司签订至少 8 年的合同。为了鼓励船员签订长期合同，Ag1 公司将合同期限与福利和工作机会联系在一起。签订的合同期限越长，船员享有的福利待遇越好，工作机会越多。例如，1999 年之前有两种合同。签订永久合同的船员享有住房津贴，而签订固定期限（8 年）合同的船员不享有该津贴。关于工作机会，依照工会主席的说法，Ag1 公司拒绝派遣那些未签订 8 年固定期限合同或永久合同的船员。另外，Ag1 公司规定签订长期劳动合同的应届毕业生可比签订短期合同的船员更早得到培训机会。

再次，为了增加注册船员的数量，从 2005 年开始，航运公司与越来越多的农民工高级船员签订了合同。2005 年，只有 3 名优秀的农民工船长和轮机长与航运公司签订了劳动合同。2006 年，20 名高级船员成为航运公司的注册船员。除此之外，一些二副和二管轮也与航运公司签订了合同。截至 2007 年，35% 的二副或二管轮农民工船员或更高职位的船员成为航运公司的注册船员，享受更好的福利待遇。

最后，Ag1 公司通过给应届毕业生提供高于市场水平的工资来吸引更多的毕业生为其工作。公司每年从海事院校招募 120～150 名应届毕业生。

然而，这些管理不是以任何科学计划或计算为基础的。关于在劳动力已经出现剩余的情况下仍然招聘大量船员的原因，笔者在 Ag1 公司年度工作报告中只找到两句相关的解释。2006 年的年度工作报告提到，招聘是"由于公司的可持续发展"以及"解决船员不足的问题"。对于每年大量招聘船员的原因再也没有任何具体的分析或解释。

一位调配经理解释了 Ag1 公司是如何决定并计算招聘人数的。他说：

> 在实施质量管理体系之后，一位人力资源经理找到我。他说："有人检查工作情况，但是没有制订招聘计划。根据质量管理体系，应该做计划。"我说："我们已经完成了今年的招聘工作。你要问的是去年的招聘计划吗？那你为什么让我做计划？我根本不明白。"然后他说："只要随便写点什么就行。去年我们招聘了 160 名毕业生。你可以说根据船员调配部门的需要以及船队的发展，我们需要招聘 160 名毕业生。"然后我就按照他说的写了。他上交了计划并通过了检查。

资料显示，招聘计划是由经理编造的，而不是基于科学分析或计算的。Ag1 公司为何会如此管理船员的招聘？既然这个问题涉及 Ag1 公司的改革程度和管理，那么下面本书就来探讨一下这个问题。

四　实施管理战略的原因

（一）政府部门和航运公司的支持

政府部门和航运公司鼓励 Ag1 公司招聘大量船员并提供支持，特别是政府部门的财政支持。因此，Ag1 公司不担心劳务成本问题，这就造成招聘了大量的船员或雇用了剩余船员的问题。Ag1 公司的人力资源经理说道：

> 劳务外派公司是国有制公司。即使有再多的船员，公司也不会解雇他们。船员是船队的资源，雇用大量船员是战略储备。这一情况不会导致航运公司或船员资源消失，反而，他们将保持并且支持航运公司，同 2001 年以前公司亏损的时候一样。

航运公司总经理说道：

> 航运公司的劳务成本与航运成本，比如原油和船舶维修费用相比，仅占很少一部分比例。因此，招聘多少船员并不重要。

由于政府部门和航运公司的支持与鼓励，Ag1 公司每年招聘大量船员。

（二）政府部门和航运公司的要求

在经济改革之前，工人的招聘由政府统一计划安排。为达到那时制定的全民就业目标，国有企业通常雇用剩余工人。由于经济改革，国有企业有权决定工人的招聘，但是政府仍然要求航运公司招聘大量的船员来维持社会稳定。当 Ag1 公司成立以管理船员劳务时，这一任务就由 Ag1 公司继续承担。

2006 年和 2007 年的年度工作报告强调，招聘大量船员是 Ag1 公司的最主要任务之一，每年招聘的船员数量是评价经理业绩的一个标准。2008 年，Ag1 公司经理因为招聘了大量船员而受到总公司领导表扬。报告中写道：

所招聘的毕业生中即将成为高级船员的数量从 2005 年和 2006 年的大约 80 人增长到近两年（2007 年和 2008 年）的超过 100 人。这是一项巨大成就。

人力资源经理说道：

如果招聘的船员人数少，航运公司经理将对我们的工作表示不满。他们会认为工作没有成效，我们没有完成工作任务。领导不会询问为什么招聘这么多船员，但是如果我们招得少了，他们会介意。

由于 Ag1 公司 2008 年招聘了大量的船员，当地政府为了对其进行表扬和鼓励，授予其"社会稳定贡献奖"。

因此，经理尽可能多地招聘船员导致关于船员招聘方面的管理改革十分受限。由于没有任何的系统管理，Ag1 公司的劳动力大量剩余。

五　有效劳动力短缺

尽管如此，经理还抱怨没有足够的船员可以分配到 Ag1 公司所负责的船舶上工作。人力资源经理解释道：

显然，公司的船员数量巨大且拥有大量剩余船员。然而，船员却供给不足，尤其是高质量船员。事实上，劳务外派公司面临着船员短缺的问题。

据人力资源经理介绍，造成这一情况的主要原因是很多船员只在公司登记，这样看上去好像是劳动力过剩，但是实际上这些船员被国内其他航运公司雇用，因此无法被 Ag1 公司调配。这也是在采访过程中反复遇到的问题，大量的船员实际上已经在国内航运市场上工作。

到 2006 年年底，由于劳动力短缺，航运公司要求 Ag1 公司停止对外国船东的船员劳务外派业务，以便召回在外国船舶上工作的船员，使其能够到航运公司的船舶上工作。这造成 Ag1 公司向外国船舶劳务外派数量和利润的减少（见图 3 - 3 和图 3 - 4；第六章将更加详细地讨论这一问题）。

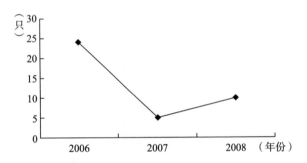

图 3 - 3　2006 ~ 2008 年 Agl 公司配员的国外船舶数量
资料来源：Ag1 公司 2006 ~ 2008 年的年度工作报告。

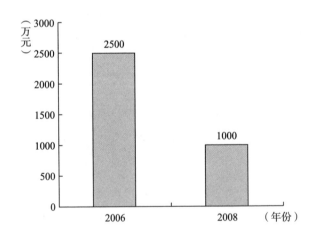

图 3 - 4　2006 年和 2008 年 Ag1 公司的利润
资料来源：Ag1 公司 2006 年和 2008 年的年度工作报告。

第四节　小结

本章首先简要回顾了关于中国国有企业改革的相关研究。研究发现国有企业改革的局限性主要表现在，政府干预造成企业在决策方面缺少自主权。

其次，本章重点研究了在 2008 年前 Ag1 公司的改革；简要描述由于组织机构改革重组，Ag1 公司如何从一个企业部门变成一家注册公司；重点介绍了改革的效果和原因。研究发现 Ag1 公司并未成为一家独立的、以市场为导向的公司。这主要与航运公司的干预有关。改革的局限性主要体现为 Ag1 公司在经营运作方面受到其上级单位的控制。这表明航运公司和船员劳务外派公司的改革并不像学者所预期的那样彻底和完全（Li and Wonham，1999；Sharma，2002；Wu et al.，2007）。

再次，本章研究了 Ag1 公司船员劳动力的状况，分析了劳动力剩余的原因。由于合同体系的实施，Ag1 公司的船员根据其合同类型，可以分为三种。不同合同种类的船员在管理上也不同。然而，由于上级单位的干预，从 20 世纪 80 年代到 2008 年，公司劳动力大量剩余。事实上，Ag1 公司在船员招聘方面没有系统或科学的管理方法。由于在得到政府支持的同时也受到其限制，Ag1 公司虽然已经雇用了剩余船员，出现了劳动力剩余，但仍不得不每年招聘大量新船员。这一现象再次反映了 Ag1 公司改革的局限性。

最后，本章揭露了从 2006 年开始船员供应短缺和劳务外派业务下滑的问题。总结得出：Ag1 公司因为缺乏管理战略，缺少与经济改革相适应的市场导向机制，许多船员只是在 Ag1 公司登记，但实际上已在国内船员劳务市场上其他公司工作，这造成了 Ag1 公司船员供给不足，从而限制了船员劳务外派业务的发展。因此，下一部分将论述船员劳务外派的相关管理战略并讨论其对船员造成的影响，同时将讨论船员的经历，主要是关于劳务派遣、培训和晋升管理的相关经历。

第四章　船员调配、培训和晋升管理

本章讨论船员调配、培训和晋升等相关管理对船员的影响。解释 Ag1 公司及其母公司虽然登记在册的正式船员明显剩余，但实际上船员配备无法满足需求的原因，尤其是解释高质量船员短缺阻碍船员外派业务发展的深层次原因。

第一节　船员调配管理

正如前文所探讨的那样，尽管 2007 年和 2008 年 Ag1 公司及其母公司许多船员仍然登记在册，但是他们实际上已在国内其他航运公司工作，这导致 Ag1 公司船员的短缺，以及船员劳务外派业务的下滑。那么 Ag1 公司的许多船员为什么在国内其他航运公司工作呢？究其原因，主要是当时的船员调配管理规定使他们在 Ag1 公司的工作机会有限。当时的船员调配管理规定主要有两方面限制：第一，将工作机会限定在选定的一部分船员之间；第二，对所雇用船员的工作经历有严格的要求。下面将依次解释这两方面的原因。首先探讨为何工作机会仅限定在某些特定的船员之间，而其他船员的工作机会很少。

一　工作分配及原因

第一个原因是人员调配管理以"定船定员"政策为基础。"定船定员"政策可以追溯到 20 世纪 90 年代初。1991 年 4 月，航运公司根据交通部要求首次设计了该计划（试行）。当时这一计划实施的目的是增强船员的责任心，并加强对船上船员的管理。经过两年多的准备，1993年年底，航运公司的船舶开始实行"定船定员"政策。这一政策被 Ag1公司一直使用。

　　根据"定船定员"政策，一旦船员被分到某一条船上工作，那么他们将一直在这条船上工作。这就不难解释为什么一些船员从第一天成为船员开始直到退休一直都在同一条船上工作。根据规定，调动到其他船上工作的船员比例每年不能超过 20%。船上的船长、政委和轮机长在理论上是不可以调换的。

　　由于"定船定员"政策，那些没有被固定到任何船舶上工作的船员在 Ag1 公司就很难得到工作机会。一位人力资源经理说道："在船员劳务外派公司，一些船员因总被派到船上工作而感到很疲劳，而其他船员则根本没有工作机会。"因此，Ag1 公司及其母公司的注册船员实际上分为两类：经常被雇用的船员和很少被雇用的船员。

　　工作机会集中在一部分船员的另一个原因是"关系"。Walder（1986）发现"关系"是中国传统企业机构文化的主要特点之一。他发现，在中国的传统机构中，工人为了与领导建立关系，依靠关系纽带的现象非常普遍。因为经理有很大的权利，所以工人为了自己的利益，不得不通过各种方式与经理建立关系。这种内部腐败和区别对待，使中国的传统企业机构文化不同于西方那种更加理性化、合法化的机构文化，从而导致新传统主义形象的形成。目前，"关系"在中国事业单位中仍起着十分重要的作用（Chen et al., 2011；Chua et al., 2009；Leunga et al., 2011；Perks et al., 2008）。在 Ag1 公司中，船员与调配经理之间的关系在很多方面影响着船员的利益。

　　Ag1 公司调配经理可以根据个人意愿而不是根据任何标准或选择流程来决定船员的工作机会。工会主席说：

　　　　在我们公司没有标准……当 Ag1 公司选择船员时，经理没有采取什么具体方法。他们仅是随便问问其他经理和船员的意见，然后根据自己的观点做出最后的决定……因此，很多优秀船员没有被给予工作机会是因为没有相关标准对其进行检查或评估。

笔者从被访船员那里了解到，与经理的关系在很大程度上影响工作机会的获得。一位船长说：

> 与调配经理的关系非常重要。在很多重要的事情中，这件事最为重要。如果你想有机会在条件好的船上工作，你就需要寻找方法贿赂经理。这其实并不难。至于你是否有能力，经理并不关心。

一位三管轮说：

> 人际关系限制了我的职业发展。例如，我曾经跟我的调配经理说我想到 X 船上工作，我觉得我有足够的能力。然而，我却因没有和他搞好关系而失去了工作机会。结果，能力比我低的船员得到了这个机会。这很不公平，但这种现象非常普遍。依靠关系就像 20 年前一样，太严重了。

经理习惯派遣那些他们比较熟悉的船员。一位调配经理解释道：

> 当船员在我所负责的船上工作两三次后，我便对他们比较了解，因此我会继续使用这些船员，因为相对于其他船员，我对这些船员更加了解。另外，我们可以慢慢建立良好的关系。每次航行结束，他们都会请我出去吃饭。我们慢慢成了朋友。所以，每次我需要派船员到船上工作的时候，我都会先想到他们而不是别人。每当有机会的时候，我也会先把机会给这些船员。

有些船员还认为，那些拥有定期工作机会的船员比没有工作机会的船员更容易与经理保持关系或改善他们之间的关系，因此，前一类船员的经济状况更好一些。一位大副抱怨道：

尽管有大量的船员，但是能够得到工作机会的船员十分有限。那些总能得到工作机会的船员更有钱。因此，他们能够更多地贿赂经理，并最终得到更多的工作机会。这是一个非良性循环。他们和我年龄一样大，却总能有机会上船工作，因此，他们比我有钱。在劳务外派公司，如果你不能经常上船工作，那么就意味着你在那里没有工作机会。我希望能被派到船上工作 10 个月。这样我每个月就能多赚两三万元，那么我就不在乎花三五千元去贿赂经理、请他们吃饭，或用一条烟来贿赂他们。这是国有企业的问题，没法解决。船员都抱怨。这是真的。

因此，工作机会掌握在那些与经理关系好的船员手中。劳务外派公司前总经理对 Ag1 公司的管理评价道：

当一些船员被固定派到某一条船上工作的时候，调配经理就使用那些船员……不是因为他们的技能或工作表现，而是因为他们与经理建立了良好关系。这些被使用的船员努力搞好并加强与经理的关系，这样管理就很不专业。结果，很多优秀的船员并未被使用。

工会主席说：

我们有很多优秀的船员。但是他们因没有被给予工作机会而未被雇用。经理们只是一直雇用他们所熟悉的并且和他们有关系的船员，而不考虑新船员的能力，不给他们机会，拒绝使用新船员。如果劳务外派公司缺少高级船员，那么明显就是由选择和派遣船员的方法不对造成的。

由于"定船定员"政策和"关系"的干扰，到船上工作的机会被固定分配给少数船员。

二　重新得到上船机会的困难

在 Ag1 公司，对于那些没有经常被劳务外派公司派到船上工作的船员来说，能够得到上船工作的机会是非常困难的。因为，公司对雇用的船员在工作经验方面有很高的要求。这一要求从 20 世纪 90 年代就开始在航运公司实行。

例如，如果船长想要被派到总吨位为 15 万吨左右的船上工作，那么他就必须拥有在 15 万吨的船上至少 4 年的工作经验。如果没有这一经验，那么在被雇为船长之前，他要拥有在 10 万吨的船上两年以上的工作经验，以及在 15 万吨的船上的学徒经验。对于大副的要求也很高，如果一名大副计划被雇用到 15 万吨的船上工作，那么他必须之前在 15 万吨的船上工作过。如果他没有此类经验，那么他必须拥有在 10 万吨的船上至少 12 个月的工作经验，以及在 15 万吨的船上的学徒经验。只有满足了这些条件，他才能被聘为大副。对于其他级别船员的聘用要求也很高。规定除非船员已经拥有他们即将被分配的船舶的相关工作经验，否则他们必须积累在比这条船小的船上 6~12 个月的工作经验以及在将要被分配工作的船上的一年学徒经验。只有满足了这些条件，他们才能被正式聘用。

因此，由于"定船定员"政策以及 Ag1 公司对船员工作经历的惯例要求，只有那些经常被聘用且积累了丰富经验的船员才符合被 Ag1 公司派遣的要求。那些没有被固定派到船上工作的船员缺少必需的工作经验，结果导致聘用受限。这些明显剩余的船员实际上已在国内其他航运公司工作。这导致虽然注册船员明显剩余，但是实际出现可使用的船员劳务短缺的状况。这一状况最终导致船员劳务外派业务的下滑。

另外，对船员培训的不良管理造成高质量船员短缺，并且对船员的劳务外派业务造成负面影响。下一节将讨论这一问题。

第二节　船员培训管理

航运公司的培训学校负责船员的陆上培训。它于 1993 年由航运公司建立，由培训部管理。培训学校拥有一栋由 10 间教室组成的教学楼。2006 年，由于机构重组改革，培训学校由航运公司注册，成为一家独立学校。尽管如此，培训学校在运行上仍然是航运公司的一个部门，在接受航运公司支持的同时受其限制。2008 年，培训学校聘用了 54 名教师，每年为航运公司培训大约 600 名船员。因此，就像机构重组改革之前一样，培训学校为航运公司培训船员，不收取培训费用。另外，学校的所有员工，包括校长在内，均为航运公司的注册员工。不同于市场化的独立培训机构，航运公司的培训学校不用为其经济状况负责。

本节首先着重介绍陆上培训，特别关注了船员对培训管理的看法、培训课程设置以及教师的教学资质。其次讨论了海上培训对船员的影响，解释了高质量船员短缺的原因及其对船员外派造成的负面影响。

一　陆上培训机会的管理

根据航运公司的政策，培训学校按照计划对船员进行陆上培训。船员培训计划由航运公司的船舶管理经理、技术部经理、航运业务经理以及船员劳务外派公司讨论和评估决定。然而，笔者从 Ag1 公司的培训经理那里了解到，船员的培训管理并不是按照计划系统实施的。一些船员重复接受培训，而另一些船员则很难得到培训机会。工会主席对选择培训的船员是这样介绍和评价的：

在很多情况下，当有培训机会的时候，是调配经理来寻找培训候选人的，并不是按照计划，而是随机选取的。经理一般是让在岸上休假的船员去参加培训或者问问谁能去参加，然后决定候选人。那些有空的船员会接受培训。由于缺少计划，一些船员多次接受相同的培训，而其他船员则根本没有接受培训。

一位与调配经理有关系的普通船员说：

有时候，当我在岸上休假的时候，调配经理会给我打电话，让我去参加培训。那些培训模块，我之前已经被培训过多次了，我不想再去参加。但是，考虑到我与调配经理的关系，以及他一直给我提供的良好工作机会，我就没办法拒绝他。因此，我就去上了那些培训课程。

另外，根据"定船定员"政策的规定，培训机会只提供给那些固定在航运公司船舶上工作的船员。外派船员以及未被聘用的船员被排除在培训计划之外。一位被 Ag1 公司派到国外船舶上工作的大副说：

当我上岸休假的时候没有培训。在外国船舶上工作，我没有接受过航运公司下属培训学校的培训。由于担心事故的发生，航运公司只对在航运公司船舶上工作的船员进行培训，不关心被 Ag1 公司派遣到外国船舶上工作的其他数百名船员的素质。

一位农民工普通船员说：

我知道注册普通船员是有培训的，他们经过培训后会得到证书，这样他们就可以上船工作了。另外，他们每年还至少参加一次英语课程培训，该课程持续一两个月。我从未参加过此类培训。我看见他们参加培训并且从那些注册普通船员那里也听说过此类培训。

这表明，由于缺乏系统管理，培训没有平等地在 Ag1 公司的船员之间展开。一些船员重复接受培训，而另一些船员则很少有机会或没有机会接受培训。这不利于船员素质的提高，也造成了高质量船员的短缺。

二 陆上培训课程内容的设置

通过对 2004 ~ 2008 年培训课程内容的考察，笔者发现很难找到与高技能/实操培训或软技能有关的课程。当谈论实操培训时，人力资源经理说：

> 船员的工作中有大量的操作性工作。因此，在实际的海上工作之前，利用陆上设备对船员进行足够的培训是十分必要的。然而，关于船上一些设备使用的培训，主要是通过播放视频的形式使船员有个大概印象。

一位二副说：

> 陆上培训没有侧重提高船员的海上工作技能。我们只是看录像，观看怎么进行一些操作。但是我们从不进行任何形式的实训。你知道观看视频和动手操作练习是有很大区别的。

当谈论软技能的时候，一位大管轮说：

> 我们没有关于软技能的培训。有时候我需要与外国船员一起工作。因此，我想学一些有关外国文化方面的内容，了解如何与他们相处。我还想了解一些在外国船舶上使用的先进技术。但是我从培训当中很难得到相关信息。
> 事实上，软技能（如交际能力）对于生活在远离陆地的封闭环境中的人来说非常重要。

因此，研究表明，尽管实操技能和软技能培训对于船员来说都很重要，但是公司没有为船员提供足够的培训来提高他们的技能。

三　教师的资质

一些船员，尤其是高级船员抱怨教师的水平较低。他们认为这是培训质量低的另一个原因。这一原因导致 Ag1 公司高质量船员的短缺，因此影响了船员劳务外派业务。

培训学校的教师包括先前的船长和轮机长，以及一些没有航海经验的教师。据人力资源经理介绍，培训学校对教师没有定期培训。教师根据培训书籍和个人经历进行授课。

关于教师的授课水平，一些高级船员透露了一些问题。第一个问题就是教师的知识结构没有及时更新。一位大副说：

> 建立培训学校的意图是帮助提高船员的素质。然而，航运市场发展迅速，老师却仍在谈书本上的旧知识。他们所谈的理论都已经过时了。许多老师有航海经验，但是问题是他们已经很多年不在船上工作了，有一些老师甚至已经有 20 年没在海上工作过了。因此，他们所谈论的内容与目前的情况无关。我跟这些老师学不到多少知识。

一位二管轮说：

> 培训学校的老师水平一般比较低。他们当中一些曾经是船员，但是他们已经许多年不在船上工作了。他们无法记清或理解不了一些操作及知识。许多老师由于自己无法解释清楚，便在课堂上照本宣科，重复书上的内容。

第二个问题是教师专业知识缺乏。一些船员抱怨某些教师，尤其是那些没有航海经验的教师缺乏专业知识。一位轮机长说：

一些老师不好，他们没有经验。他们中许多从未接触过船。曾经，一位老师在谈论化学品船舶时说："你们不应该到化学品船舶上工作，因为那些船舶的空气会被有毒气体污染。"事实上，作为一名老师，他不应该说这些不负责任的话。另外，他了解不够，就不应该在这教书。

一位二管轮说：

在一些英语课堂上，大部分人都不懂英语。但英语老师的水平也不高，他经常犯一些发音和拼写的错误。我认为他的英语和我一样不好，听他的课并不能提高我的英语水平。

不同于高级船员，一些普通船员对培训似乎比较满意。例如，一名普通船员说：

我们在航运公司下属的学校接受培训。许多老师之前是船长或轮机长。他们有学问，工资高。不同于他们，我们是工人，从事体力劳动。从老师那里，我们能学到东西。他们经验丰富，我可以从这些经验中学到东西。

高级船员和普通船员的不同态度在某种程度上可以从以下两个方面进行解释。首先，普通船员技术水平较低，更多地从事体力劳动；而高级船员更偏向技术性，从而需要更新的知识。因此，普通船员与高级船员不同，对培训的要求较低，很少有人抱怨培训。其次，国有企业以外的其他自由普通船员很少有机会参加任何形式的免费培训（韩杰祥，2008；黄忠国、宁伟，2008）。这似乎也解释了 Ag1 公司的普通船员对培训更加满意的原因。

通过讨论发现，培训机会在船员之间分配不均，培训内容中没有包括技能培训，教师的质量也不令人满意。因此，陆上培训对提高船员的技能似乎没有太大的帮助。这也从一个方面导致了高质量船员的短缺，抑制了船员劳务输出的发展。下一部分将讨论海上培训的情况及其如何影响船员的质量。

四 海上培训

根据培训文件的要求，海上培训的目的是全面提高船员的能力，培训内容包括船上设备的使用、应急程序、国际惯例和安全文件的学习、英语培训、职业健康和安全以及货物操作。

然而，这些培训计划在海上并没有得到很好的实施。其原因之一就是船员将海上培训的大部分精力投入到应付各种检查，比如航运公司以及港口国检查。这些检查涉及海事公约的实施。检查的结果直接影响航运公司的名声、成本以及船员的个人利益。

据船员介绍，为了通过检查，之前在船上会进行大量的准备工作。船长会组织召开会议，动员船员重视检查，并给每一名船员分配具体工作。船员被召集在一起观看之前其他船上检查的视频，并且对这些检查进行分析、学习。另外，船长还要求船员进行充分的练习，其目的是提高每一名船员应付检查的能力。

一些船员抱怨，这些海上培训根本没有提高他们的技能。一位三管轮说：

一些培训仅仅是为了应付检查。除此之外，再没有其他的培训。这样的培训在某些程度上可以帮助我们，但不包括我们在日常工作中所需要的重要技能。

一位二管轮说：

当要进行这样的海上培训的时候，船长经常通读某一文件。在考试前，船长会强调某些重要问题。这样的培训无法提高我们的技能，就是为了通过检查。

一位政委在 2007 年的年度工作报告中也指出："我们需要更多的培训和海上训练，而不是召开会议或强调重要技能以应付检查。"

除了应付海事检查之外，海上培训计划没有得到很好实施的另一个原因是船员繁重的工作量。一些船员抱怨船上的工作变得繁重，培训成了一种负担，他们从中没有学到多少东西。一位普通船员说：

我们每周三下午学习国际惯例，进行灭火演练和急救技能的培训。周六还安排培训内容。这些培训是强制性的，必须要参加。但是，你要知道，我工作很辛苦，感觉很疲惫。因此，现在一想到培训，我就很厌烦，其效果并不好。

综上所述，船员对海上培训并不满意，海上培训似乎对提高船员的技能并没有帮助。在 Ag1 公司工作的船员缺少某些重要的技能，他们的整体水平不令人满意。

五 培训管理的结果

从对 2005 ~ 2007 年的海上检查结果的统计可明显看出，船员在海上工作中所犯的错误逐年增加（见图 4 - 1）。

另外，在 2008 年的年度工作报告中，总经理列举了一些船员在海上工作时经常犯的错误：

当我们在船上检查船员工作的时候，我们发现许多船员包括高级船员，不了解或无法熟练地操作船上的设备仪器，甚至包括一些救生和灭火设备。他们缺少在有限环境中急救的相关培训，而这些

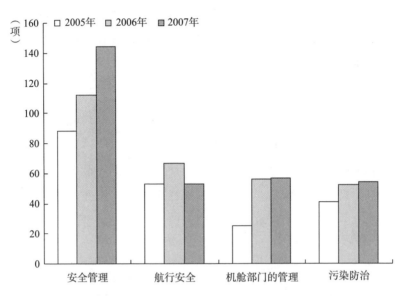

图 4 – 1 2005 ~ 2007 年船员在各类问题上被检查出的错误数量
资料来源：Ag1 公司培训部的工作报告。

培训都是必需的。另外，一些船员不是很清楚雷达的使用，一些二副不会正确操作泡沫泵。还有船员英语水平较低，大副缺少压舱水的相关培训。这些都是我们船员所存在的问题。

Ag1 公司总经理对培训的质量和船员的质量很关心。在访谈中，他说：

我们面临着缺少高质量高级船员的问题。目前船队发展迅速，高质量船员的供给无法满足船队的需求。对很多船员来说，英语是一个主要问题。然而，培训似乎没有有效地解决这些问题。另外，在船员中还缺乏自我激励、努力学习的氛围。

事实表明，陆上培训和海上培训对提高船员的质量均没有很大帮助。这导致了 Ag1 公司高质量船员的短缺，从而阻碍了船员劳务外派业务的发展。

除了培训管理不善导致高质量船员短缺的问题外，Ag1公司还存在劳务供应短缺的问题，正如第三章所谈到的，这与签订劳务合同的船员临时在国内其他航运公司工作有关。下一节将讨论船员的晋升管理对船员的影响，从而解释这一情况。

第三节 船员晋升管理

1989年之前，中国船员晋升不需要参加任何形式的考核。根据船上政委和船长的推荐，然后经过党委书记和公司部门领导的同意，船员就可以直接晋升。从中国在1989年被选为国际海事组织A类机构开始，中国与国际和地区组织的交流与合作越来越多。相应地，Ag1公司引入了船员晋升的考评系统。从1989年开始，中国船员晋升需要接受中国海事局的培训和考试。他们必须通过考试，取得更高一级船员资格证书，完成船上学徒实习后，才可以得到晋升机会。

然而，Ag1公司船员的晋升实际上要比这复杂得多。想要得到晋升机会，船员首先要得到合格证书，除此之外，还需要被公司聘任、得到船长和调配经理的同意、符合Ag1公司规定的额外要求，在这之后才能得到实习机会。这一管理战略从20世纪90年代开始实行，导致Ag1公司船员晋升较慢。下面详细解释了该项管理战略及其结果。

一 经理任命

起初，在中国实行考核制度之前，传统国有企业船员晋升的做法是经理任命，包括下列程序：

一、船员提交一份由船上领导签署并同意他们参加公司培训和考核的表格；

二、参加并通过考试；

三、在船上他们最初的岗位上工作；

四、准备晋升申请文件，包括一份晋升申请表（由船长签字）、一份技能评估表（由船长签字）以及一份航行经验报告；

五、公司考核船员的英语能力，审查船员的合格证书、申请文件和工作报告；

六、公司将候选人的文件提交给公司的 11 个部门经理及总公司；

七、公司召开会议讨论得出任命决定；

八、以红头文件形式公开"任命公示文件"。

在 2008 年之前，Ag1 公司一直使用这一管理方式。但是这一管理方式存在一些缺点，这些缺点延长了船员的晋升申请时间。例如，任命每两年进行一次，然而，船员每个月都可以在网上进行考试。另外，每年的任命会议只能对 20～30 人进行评估，但是每年大约有 100 名船员通过考试，超过一半的船员不得不等至少 6 个月的时间到下一次会议才能进行评估。这样，一些通过考试的船员就有可能无法及时得到评估或任命。工会主席对这一管理方式进行了评价，并对其原因做出了解释。他说：

> 由公司领导任命准备晋升的船员，这一管理体系在中国经济改革之前就已经实行。目前，随着海事局的海事考核体系的实行，只有少数公司保留这一管理方式。但是，Ag1 公司的这一管理体系没有改变。大家都担心放弃这一晋升程序可能带来的负面结果。因此，这一体系仍被使用，从而妨碍了船员的晋升。

船员被航运公司任命之后，如果想要晋升，就需要得到船长和调配经理的同意。

二　船长和调配经理在船员晋升中的作用

在经济改革之前，船长在船上没有绝对的权力，其地位比政委低。从 1988 年 3 月 30 日起，航运公司实行了合同责任制，船上也实行了管理体制的改革。从 1988 年 12 月中旬起，在航运公司的船舶上实行船长责任体系。

船长责任体系对旧体系（政治委员负责整条船，船长受党支部领导，1988 年之前一直执行这一体系）进行了改革，改革强调了船长的集中领导权以及其对船上党支部的监督作用。这样政治委员就成了船上的二把手，受船长直接领导。

在 Ag1 公司船员的晋升中，船长和政委起着重要的作用。船长和政委评估船员的表现，写推荐信，并在晋升申请表上签字。在接到相应文件后，调配经理派该船员到新的岗位上实习。然后，该船员才能被正式提拔。

1991 年，航运公司实行规定，如果船员在船上出现问题，那么船长将受到行政和经济处罚，派遣该船员的调配经理也将对出现的问题负责。

由于船长要对船上出现的问题负全责，因此他们不愿意让没有经验的船员与他们一起工作。因为新晋升的船员缺少在新岗位上的工作经验，所以船长对于船员的晋升并不积极。一位二管轮讲述了很多年前他从普通船员晋升为三管轮的经历：

> 船长不让我晋升，因为他担心需要对可能造成的后果负责任。在航行之后，我去找经理，询问我为何被推迟晋升。我说："如果船长故意要拒绝我晋升，那么我就辞职。"然后调配经理说："这是国有企业的规定，我们无法改变。"我还在外国航运公司工作过。他们管理的优点就是不推卸责任。船长有权晋升船员。如果在海上出现问题，航运公司会根据法律处理，而不是将责任推给船长。这样，在外国航运公司，船长就敢于提拔船员。但是，在 Ag1 公司，船长不敢提拔船员。

如同船长一样，由于这一规定，调配经理需要承担责任，他们也尽量避免晋升船员。当谈论晋升管理的时候，Ag1 公司的前总经理解释道：

> 如果发生事故，航运公司总经理或总公司将首先询问调配经
> 理，被派遣的船员之前是否在这个岗位上工作过，或者船员是否有
> 足够的经验。如果没有，领导会问经理为何派遣新的、没有经验的
> 船员。

曾经有过由于经理派遣新晋升的船员工作出现问题而面临处罚的事
情，因此，调配经理也会尽量避免出现这样的错误。这是制度体系上的
问题。在这一体系下，船员无法及时得到晋升，晋升时间被推迟。
一位大管轮说：

> 在 Ag1 公司晋升很慢。在国有企业中，如果船员很长时间没有
> 被晋升，没有人会对此负责或因此受到惩罚。船员的晋升与经理的
> 利益无关。然而，如果由于晋升船员而产生了事故，那么经理和船
> 上的领导将要对此负责。因此，船员很难得到晋升。

因此，许多船员不得不在 Ag1 公司等很长时间才能得到晋升。一位
调配经理说：

> 为了减少事故、减少责任，Ag1 公司使用大量有经验的船员。
> 这样，在任命后，船员不知道要等多久才能得到晋升。许多船员在
> 小船上工作很多年，或在老旧船只上工作很多年，以便积累经验，
> 使自己能够胜任航运公司安排的固定工作。

晋升慢的问题已经引起了航运公司总经理的注意。在一份年终总结
中，航运公司总经理鼓励船长和调配经理对船员进行培训和提拔。
他说：

对于负责培训和晋升船员的船长，我们给予适当的奖励。陆上工作的经理也要转变观念来派遣更有能力的船员。经理不应该由于过分关注自己的位置和职业发展，而不敢派遣新晋升的船员。经理应该有勇气为航运公司的发展负责。

尽管进行了政策性鼓励，调配经理和船长在考虑到他们必须要承担的责任后，仍然不愿意晋升船员。一些船员为了得到晋升机会而为国内其他航运公司工作，在新的岗位上积累经验。这导致了 Ag1 公司船员劳务的短缺，限制了船员劳务外派业务的发展。

另外，船员晋升慢，还与 Ag1 公司的一些其他规定有关。

三 其他规定

Ag1 公司还有其他一些与晋升有关的规定。例如，规定学历高的船员可以拥有更多的晋升机会。这样，一些船员因为受教育水平不够高就很难及时得到晋升。一些船员觉得这很不合理。一位二副说：

> Ag1 公司不会晋升像我们这样的船员。调配经理解释说，如果有很多著名海事院校毕业的具有学士学位的船员在劳务外派公司等待晋升的话，那些没有得到更高学历的船员就得慢慢等。因此，为了维护公司的尊严，具有更高学历背景的船员将先被晋升。然而，这并不合理。因为关于高级船员资格，中国海事局认可中等学历。我同其他具有高学历的船员一起通过中国海事局的晋升考试并获得资格证书。因此，Ag1 公司因为我的学历而限制我的晋升是不合理的。Ag1 公司的规章和管理体系已经过时。我对此感到非常失望。

另外，Ag1 公司还通过限制船员参加培训课程和晋升考试来减缓船员的晋升速度。限制船员参加培训和考试是 Ag1 公司 20 世纪 90 年代的一项管理战略，当时船员的晋升由公司计划。没有公司的推荐信，船员不允许申请培训或参加考试。21 世纪初，中国海事局取消了该项限制，允许船员自己申请晋升培训，参加每个月举行一次的在线考试。

然而，Ag1 公司仍然保留这一传统限制。Ag1 公司的证书和培训管理部门（证培部）负责这一工作。他们负责审核船员的受教育水平、航行经历，决定参加培训和考试的人员并为其报名。

根据 Ag1 公司的政策，当 Ag1 公司登记的某一级别的船员有剩余的时候，其他船员要晋升到这一级别的申请就会被推迟。例如，因为在 Ag1 公司登记的船长和轮机长人数众多，所以大副和大管轮在得到更高一级的资格证书后，要等三年或四年才能晋升。船员认为这样的限制是不合理的，但是他们无能为力。一位大副说：

> 劳务外派公司这一计划的实施损害了船员的利益，限制了船员参加培训和考试，结果造成船员对管理的不满。劳务外派公司甚至说，大副在得到资格证书的三年内都不会得到晋升。这非常不合理。

四　船员晋升缓慢的问题

晋升管理不合理导致船员抱怨在 Ag1 公司晋升缓慢。一位二副说：

> Ag1 公司的船员晋升非常慢，这不合理。对于船员来说，机会太少。在船员得到了更高一级的资格证书之后，Ag1 公司应该尽量晋升船员。我们对公司的晋升管理感到非常气愤。我的许多同学在 Ag1 公司工作，他们都没有机会参加晋升考试来得到大副的资格证书。然而在国内其他劳务外派公司和航运公司工作的大部分同学都已经担任船长七八年了。

当被问及公司的晋升管理的时候，被调研的 Ag2 公司的一些船员也提到，Ag1 公司船员晋升缓慢。Ag2 公司的一位船长说：

> Ag1 公司的船员晋升很慢。我知道一位船员 6 年前和我一起参加船长的晋升考试。而他现在还是大副。Ag1 公司的船员晋升真是太慢了。

Ag2 公司的一位调配经理说：

> 我认识 Ag1 公司的一些船员，在他们公司等上四五年才能得到晋升是很平常的事。船员没办法解决这一问题。

Ag1 公司的船员晋升缓慢导致一些船员为国内其他航运公司工作。这导致了 Ag1 公司船员供应的短缺，限制了船员劳务外派业务的发展。

第四节　小结

本章讨论了 2006～2010 年 Ag1 公司调配、培训和晋升管理对船员的影响。研究发现，Ag1 公司的管理战略缺乏改革，这导致该公司的许多船员工作机会受限，培训质量低，晋升缓慢。因此，许多船员在国内航运市场寻找其他工作机会，Ag1 公司船员供应不足，特别是高质量船员短缺，造成了船员劳务外派业务的下滑（更多详细内容将在第六章中进行讨论）。

特别是在人员调配管理方面，从 20 世纪 90 年代初开始实行的"定船定员"政策，以及经常被雇用的船员与经理之间人际关系的干预，导致船员上船工作的机会被固定分给某些船员。船员贿赂经理，反过来经理为船员提供工作机会。Ag1 公司的"定船定员"制度缺乏改革以及制度的不合理，意味着公司改革的程度十分有限。另外，由于 Ag1 公司对船员工作经历的严格限制，那些没有定期被 Ag1 公司派遣的船员很难在缺少船员的时候被再次雇用。这导致船员不得不在国内其他航运公司寻找工作机会。这也在一定程度上解释了 Ag1 公司船员供应不足的原因。这些原因阻碍了其对国外船东扩大船员劳务外派业务。

关于船员的培训管理，陆上培训没有系统地在所有船员之间展开。关于一些重要技能的培训并没有被纳入陆上培训内容之中，培训质量也不尽如人意。另外，Ag1 公司的海上培训没有很好地开展，因为海上培训的大部分精力都用来应付海上检查，船员海上工作繁重。这些表明，陆上培训和海上培训都没有显著提高船员质量，从而导致了 Ag1 公司高质量船员的短缺，限制了船员劳务外派业务的发展。培训管理中的种种问题也反映了 Ag1 公司改革的局限性。

分析发现，关于船员晋升方面的管理也缺乏改革。特别是经理对晋升船员的任命方法仍然使用的是国有企业 20 世纪 80 年代的传统方法。事实证明，这一方法严重推迟了船员的晋升。另外，Ag1 公司仍在执行关于船长和调配经理为派遣新晋升船员承担责任的相关规定。结果造成船长和调配经理在船员晋升方面持回避态度，以避免可能造成的后果和处罚。这也进一步造成船员晋升缓慢。Ag1 公司还增加了船员晋升的其他规定，使船员晋升更加困难。这些管理使 Ag1 公司船员晋升缓慢，一些被定期雇用的船员选择为国内其他航运公司工作以便寻求晋升机会。这也导致了 Ag1 公司船员劳务的短缺，造成船员劳务外派业务的缩减。

除了管理战略缺乏改革导致的问题外，Ag1 公司的船员还面临其他一些问题。下一章将重点讨论福利待遇管理对船员的影响，从而进一步分析 Ag1 公司船员劳务短缺以及船员劳务外派业务下降的原因。

第五章 船员福利待遇管理

有的学者认为国际船员劳务市场的高工资将成为中国船员劳务输出加速发展的主要驱动力之一（Wu，2004a；Wu et al.，2007）。笔者对这一观点存在质疑，本章将论述并解释 2010 年前被派到外国船只上工作的中国船员工资未必高于在国内船员劳务市场上工作的船员工资的原因。通过考察 Ag1 公司的船员福利待遇管理，本章分析了当时高级船员工资低的原因。此外，本章还讨论了 Ag1 公司工资改革给船员带来的影响。

本章的目的是进一步解释 Ag1 公司的一些签订固定期限合同的船员临时为国内其他航运公司工作并造成船员劳务短缺以及船员输出业务发展受限的原因。通过讨论，本章进一步分析 Ag1 公司的改革程度。

第一节 高级船员工资低的原因

Ag1 公司高级船员的工资一般要比国内船员劳务市场上其他航运公司高级船员的工资低。表 5 - 1 显示了 2008 年某相同船舶类型国内船员劳务市场和 Ag1 公司不同级别船员的平均工资水平。

表 5 - 1　2008 年某相同船舶类型国内船员劳务市场和 Ag1 公司
不同级别船员的平均工资水平

单位：元/月

船员级别	市场的平均工资	Ag1 公司的平均工资
船长/轮机长	70000 ~ 80000	50000

续表

船员级别	市场的平均工资	Ag1 公司的平均工资
大副/大管轮	50000 ~ 60000	30000
二副/二管轮	20000 ~ 30000	15000
三副/三管轮	15000 ~ 20000	10000

资料来源：Ag1 公司 2008 年的综合统计数据。

　　Ag1 公司高级船员工资低与以下四个方面的原因有关：总公司对经理和船员福利待遇投入的控制、经理数量过多且福利待遇较高、船员的高福利成本和普通船员的高工资。这四个方面的关系如图 5－1 所示。报酬低是船员到国内其他航运公司船舶上工作的主要原因之一，所以下面将分别解释这四个方面的原因。

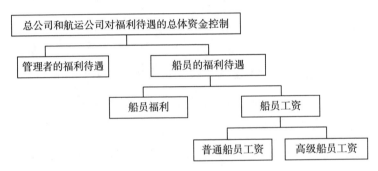

图 5－1　影响高级船员工资的因素及其内在关系

一　总公司的控制

　　Ag1 公司船员和经理的福利待遇投入总额受总公司下属的航运公司的管理。

　　在理论上，航运公司可以向总公司提出申请调整投入额度。据航运公司总经理介绍，由于申请程序烦琐、耗时，航运公司自成立之日起从未提出过此类申请。

　　另外，总公司不允许航运公司或劳务外派公司使用其利润来提高经理和船员的福利待遇。航运公司总经理解释说：

每两年总部调整一次经理和船员的工资与福利。如果总部要求公司净利润达到 50 亿元，而我们实际在年底净利润为 70 亿元，仍然不允许我们使用盈余的 20 亿元来提高经理与船员的福利和工资。

由于总公司的控制，航运公司和 Ag1 公司都无法根据劳务市场的变化来增加高级船员的工资。

从 2004 年开始，国内劳务市场上高级船员的工资快速增长（韩杰祥，2008；马雷、许文义，2008）。而总公司船员的工资仅增长了两次：在 2005 年 1 月进行了一次小幅增长，在 2007 年 1 月进行了一次大幅增长（提高了 52%）。尽管 2007 年船员工资增长了，但是由于 2007 年新税收政策的实施，Ag1 公司船员工资的 20%～30% 用于缴税。这样从 2004 年开始，Ag1 公司的高级船员工资就低于国内市场上其他船员的工资。航运公司的总经理说：

> 由于总公司对工资投入的控制，我们无法根据劳务市场的情况增加船员的工资。因此，从 2004 年开始，当国内劳务市场上高级船员的工资每 6 个月或每三四个月增长一次的时候，我们无法跟上这一速度。我们总是落后。

另外，国有企业还有一条不成文的规定，工人的工资不可以频繁波动，这是船员工资增长的另一个限制。

因此，在总公司的控制下，Ag1 公司不可以根据劳务市场的变化灵活调整船员和经理的福利待遇，从而导致 Ag1 公司高级船员工资较低。

二 经理数量多，福利待遇高

船员和经理的福利待遇投入总额被总公司固定后，经理的福利待遇直接影响船员的福利待遇。下面将讨论经理的福利待遇管理，从另一方面解释高级船员工资低的原因。

（一）经理的高福利待遇

在 20 世纪 90 年代以前，经理的工资比船员少很多。一位资深高级船员回忆，在 20 世纪 80 年代，当他每个月在海上赚 400 元的时候，陆上工作的经理每个月只有 40 元。因此，那时候很多人都愿意到海上工作而不希望在陆上做管理工作。

然而，随着经济改革的深化，这一情况发生了变化。由于经理在公司管理中的角色变化，经理的福利待遇也一直在提高。尽管无法获得不同级别经理工资的确切数据，但是 Ag1 公司的一位前总经理和一些船员提供了不同岗位经理的年收入估算数据（见表 5 - 2）。

表 5 - 2　Ag1 公司不同职位经理和员工的年收入

职位	年收入（元）
总经理和党委书记	超过 400000
副总经理和工会主席	300000～400000
高级经理（各部门主管）	250000～300000
其他经理	150000～250000
职工	60000～100000

资料来源：Ag1 公司前总经理和一些受访船员的估算数据。

这一增长导致经理的工资比大多数船员的工资都高。例如，二副或二管轮每年在船上工作 7 个月的收入大概为 10 万元～15 万元。这一工资水平比普通职工高，但是比大多数经理低。这表明在 Ag1 公司占船员人数不到 20% 的船长、轮机长、大副和大管轮的工资与大部分经理工资差不多，或比经理的工资高，而超过 80% 的船员工资比经理低。

另外，经理除了享受和船员一样的福利待遇，例如社会保险和其他一些福利外，还享受船员所没有的非工资福利。例如，在发放年终奖金的时候会优先考虑经理，这造成船员有几年没有得到奖金。一位调配经理解释说："经理几乎每年都能得到年终奖，而船员的奖金却无法保证。"

经理还享受船员没有的其他待遇，例如免费的午餐、汽车油补

（每月 800 元）、市内交通补助（每月 300 元）、超市购物卡，以及国内外学习和景点旅游的机会。经理们对公司的福利待遇及组织的活动非常满意，尤其是旅游。当谈论到在国有船员劳务外派公司工作时，一位人力资源经理说：

> 国有企业的待遇一直就比其他类型的公司好，比如私有公司和外资公司。这也是很多人愿意到国企工作的原因。
>
> 我们公司的工作氛围很好。每个月都组织到景点爬山、到果园采摘或到景区观光等活动。这些活动很棒。我们还可以带家属同行。当然，我们也会让一些船员参与这些活动。

但是，这些活动不面向大部分船员。另一位高级船员说：

> 经理每个月都可以去不同的地方旅游，还可以免费携带家属。船员们从来没有这样的待遇。仅有少数一些与经理有关系的船员被邀请参加过此类活动。为了得到足够的资金，这些活动都是以船员的名义组织的，而大部分参加者是经理和他们的家属。我从没参加过此类活动，因为我年轻，与公司里的人没什么关系，也不熟悉……许多年长的资深船员也不指望参加，因为每个人都知道这是如何运作的。对于船员来说，机会很渺茫。
>
> 在 Ag1 公司，这样的高工资和高福利均提供给了经理，船员无法享受。

（二）经理的人数过多

中国国有企业改革的一个重要部分就是精简机构，其目的是缩减过剩人员，提高企业竞争力。尽管出台了此项改革政策，但是经理人员过剩的问题在 Ag1 公司并未得到解决。当谈论到精简机构的问题时，航运公司的总经理说：

> 事实上，很难减少经理的数量。关于公司的改革，最大的问题就是人力资源管理的改革。其实我们已经建立了十多个附属公司，尝试派一些水平较低的经理到那里工作。但是，由于附属公司的工资和福利都比总公司低，这些经理抱怨："为什么派我们到附属公司工作？怎么能证明我们比别人能力低？"因此很难做出这些决定。
>
> 事实上，经过这些年的改革，公司经理的岗位和数量比以前增加了而不是减少了。每当总公司要建立新部门，我们都必须建立相应的部门。一些对企业发展没有帮助的老部门却无法被废除，比如党支部、党纪律检查委员会、工会和团委。我们下属的 12 个附属公司也被要求成立这些部门。因此，我们的部门和人员均在增加。事实上，比如做同样的事情，日本的公司可能只需要雇用 50 个人，而我们需要雇用 200 个人。

在 Ag1 公司，1995 年有 22 名经理，2008 年增加到 52 名。在解释经理数量庞大的原因时，总公司的副总经理说：

> 国有企业不完全是以利润为导向的组织。除了管理经营外，我们还有一些大的部门，例如党支部、工会和团委，来确保国有企业履行其社会责任。这些都是国企需要做的，并且非常重要。

船员们认为庞大的经理数量和他们的高福利待遇给船员福利待遇的提高造成了负面影响。一位轮机人员举例说：

> 经理数量太多。他们工作没有我们辛苦，却比我们得到的福利待遇高。本来很多应该花在船员身上的钱，实际上花在了经理身

上。我们船员通过辛苦工作满足了经理的要求。他们的高工资和福利都是以牺牲船员的利益为代价的。事实上，一些部门根本没有用处，只是虚设。例如，负责纪律检查的党委书记，由于他们是由总经理任命和雇用的，所以根本无法检查或监督经理们的工作。其他部门例如党支部、工会和团委也是一样。如果能够将这些部门削减，那我们船员的工资肯定会提高。

总公司下发的资金首先用来支付经理的福利待遇，剩下的资金才会用作船员的福利待遇，包括福利和工资。下面将从船员福利管理的角度来进一步解释高级船员工资低的原因。

三　船员福利成本过高

在经济改革之前，国有企业为员工提供一套完整的福利待遇体系。例如，公司给员工提供住房；员工可以到企业医院看病；孩子可以到企业附属学校免费入学，毕业后一般可以接替他们父母的工作；公司还给员工发放优惠券，用于购买食品和日常必需品。在过去市场不健全的时候，国有企业为员工提供全方位的福利待遇。在计划经济时期，国有企业的这些全面福利政策遭到指责，被认为造成企业负担过重、经济表现不佳。

20 世纪 80 年代中期，中国开始实行福利体系改革，建立社会保障体系，其目的是将国企的福利责任转由政府、企业和个人三方来共同承担。

为了与政府改革保持一致，Ag1 公司为注册船员建立了社会保险账户，并为其缴纳企业应承担的费用。不同城市社保的标准也不同。城市的地区生产总值越高，其设定的社会保险标准也越高。航运公司按照最高标准为船员支付福利。船员社会保险每年的费用占船员工资总额的47%，其中包括养老保险（20%）、医疗保险（14%）、工伤保险（0.8%）、生育保险（女员工，0.2%）、失业保险（2%）和住房公积金（10%）。

另外，航运公司将船员工资预算的 10% 用于提供其他形式的非工资福利，例如员工子女的免费入园、冬季家庭采暖费（每个月 120 元）、免费体检、工伤赔偿等。据人力资源经理介绍，2007 年公司投入 30 多万元，为公司医院引进了四台先进设备，这样经理和船员就能进行更细致的免费体检。

　　由于中国的经济改革，国有企业不再像 30 年前那样为员工提供全面的保障。船员工资成本的 57% 需要用来缴纳各种社会保险和其他非工资福利。

　　除了为所雇用的员工提供保障外，航运公司还要用一大笔钱来为退休员工和其家属提供良好的福利保障。因此，航运公司对于退休员工及其家属的保障甚至要优于注册员工。医疗服务就是最好的例子。

　　自从中国经济改革之前实行的免费医疗被废除以来，员工需要按照医疗保险的规定支付部分医疗费用。如果医疗费用超过 2000 元，注册员工可以申请报销 50%（如果医疗费用在 2000 元以下，全部由员工自己承担）。70 岁以下退休员工的医疗费用超过 1300 元，可以申请报销 70%；而 70 岁以上退休员工的医疗费超过 1300 元，可以报销 80%（如果医疗费用在 1300 元以下，全部由退休员工自己承担）。对于在 1949 年 10 月 1 日前入党的离休干部，可以实行最高标准，无论他们的医疗费用是多少都可以报销（见表 5 - 3）。因此，虽然退休员工的医疗费用少，但可以比注册员工报销得多。

表 5 - 3　医疗费用报销情况

员工	年龄	报销额	医疗费用
在职注册员工	小于 55 岁	费用的 50%	支出超过 2000 元
退休员工	55 ~ 70 岁	费用的 70%	支出超过 1300 元
退休员工	大于 70 岁	费用的 80%	支出超过 1300 元
离休干部（在 1949 年 10 月 1 日前入党）	所有年龄	费用的 100%	所有费用

　　资料来源：Ag1 公司 2008 年的内部杂志。

　　关于住房问题，退休员工比在职员工享有更多的工人住房津贴。关于住房取暖津贴的规定：如果退休员工去世，他的家人可以继续从公司申领该津贴；离休干部可以一直按最高标准领取津贴，如果离休干部去世，他的家人还可以继续领取最高标准的津贴。

因此，船员和经理反映，航运公司的福利成本很高，极大地降低了船员的工资水平。航运公司的总经理说：

> 事实上，我们为船员的工资和福利投入了大量的资金。作为一家大型国有企业，在福利待遇方面，我们比其他公司或劳务外派公司投入的资金都要多。但是，因为我们是国有制，我们还不得不执行国家政策，照顾好退休职工及其家属。这是国有企业的传统。提供福利花费巨大，正如大家所了解的，这直接影响到我们高级船员的工资在市场上的竞争力。据我所知，很多国内公司仅向国家上报非常低水平的船员工资总额，以便减少福利支出。他们用节省下来的资金增加船员的工资。因此，那些船员的工资要比我们船员的工资高。然而，我们却没法那么做。我们必须向国家缴纳高额的福利来履行我们的社会责任。

Ag1 公司花费大量资金为船员支付非工资福利。退休员工从中受益最多。许多员工不愿意离开 Ag1 公司是因为他们希望退休后能够享受应有的待遇（在第九章中将详细讨论该部分内容）。然而，船员较高的福利支出不可避免地减少了目前雇用船员的工资投入。

四　Ag1 公司普通船员工资高

当用有限的资金同时支付高级船员和普通船员的工资时，普通船员的高工资就成了高级船员工资低的另一个原因。

Doeringer 和 Piore（1971）在解释西方社会劳务市场双重性时写道：

> 劳务市场分为一级和二级市场……相比之下，二级市场的工资

和福利待遇一般较低，工作环境较差，工作流动性高，晋升机会少，且监管随意。

另外，在二级劳务市场工作的员工很难有机会到一级劳务市场工作（Doeringer and Piore，1971）。

西方社会在过去的 30 年中，由于组织结构和劳资关系的变化，劳务市场的等级已经随着内部等级的增加而增加。在这一变化过程中，工作变得更加不确定，工作安排也更加不标准（Hudson，2007）。具有某些特征的工人（例如黑人或黄种人、女性、移民、临时工）更有可能在不同组织以不同形式从事"较差或次要的"工作。他们因此被区分开来且更容易被剥削（Beck，1998；Hudson，2007；Peck，1996）。

这些描述也符合中国船员劳务市场中自由普通船员的情况。这些船员中很多人来自农村，被临时雇用，从事低工资、低技术的体力劳动，很容易被剥削（韩杰祥，2008；黄忠国、宁伟，2008；黄国勇，2008；印绍周、李冰、尹庆，2008）。

然而，Ag1 公司注册普通船员的状况要比劳务市场上普通船员的状况好得多。Ag1 公司的普通船员可以跟航运公司签订永久合同，享受社会保险最高标准以及非工资福利，待遇基本与注册高级船员相同。除此之外，他们比劳务市场上的其他普通船员工资高很多。Ag1 公司的普通船员对福利待遇非常满意。一位一水说：

> 普通船员对公司的福利待遇很满意。这里的工资比其他航运公司或船员劳务外派公司的工资高，比 Ag2 公司的收入也高。因此，我从未听说过有普通船员从 Ag1 公司辞职。在这儿，我们能得到很好的福利待遇，而且不会被解雇。如果我们离开公司，就不会有这样的高工资或工作保障。

当谈论到普通船员高工资的原因时，被访问的经理和船员普遍提到

"工人阶级"这一词语。人力资源经理解释道：

> 超过70%的注册普通船员年龄超过45岁。我们需要照顾老同志，这是国有企业的传统，工人阶级是"老大哥"。尽管国有企业以外公司的普通船员的工资都较低，但是我们仍然要照顾好我们的普通船员，为他们提供较好的福利待遇。毕竟我们都是工人阶级。

总部的副总经理说：

> 普通船员的工资和福利较高，这不是以市场为导向的。我们这么做主要是因为我们想照顾老同志。这是国有企业的传统。

一些高级船员抱怨，普通船员的工资高导致了他们自己的工资低。一位大副说：

> Ag1公司的普通船员工资高。这违反了劳务市场的规则。我们这些高级船员应该得到更高的工资，因为市场上高级船员短缺，我们的培训需要更长时间，比培养普通船员的成本要高很多。我们属于高技能员工，因此应该得到更高的工资待遇。但是现在Ag1公司的高级船员工资低于国内市场上的工资水平。然而，普通船员的工资却比市场上的工资要高。公司将本该发放给高级船员的工资用来补贴普通船员。这很不合理。

因此，这四个方面的因素，包括总公司对经理和船员福利待遇的控制、庞大的经理数量及他们的高福利待遇、船员非工资福利的高成本，以及普通船员的高工资，导致Ag1公司高级船员的工资较低。高级船员对他们的福利待遇很不满意，这在下一节的内容中也有所体现。

第二节 高级船员对福利待遇的评价

对于工资管理体系，Ag1 公司的高级船员对其很不满意。一位大副说：

> 我们很不高兴，因为我们的工资比其他国内航运公司船员的工资低很多。我们在想，既然我们和其他公司的船员做同样的工作，并能够完成每一项任务，避免任何事故和麻烦，为什么我们的工资这么低。这不同于30年前在国有企业工作，当时每个人都赚一样多的工资。现在我的同学和朋友在其他公司工作。当我得知我每年的工资仅为他们一半的时候，我感觉很失望。

农民工高级船员的不满比注册高级船员的不满表现得更为突出，因为尽管做同样的工作，农民工高级船员的工资和非工资福利待遇比注册高级船员都要低。

与注册船员不同，农民工船员在上岸休假的时候不享受工资待遇。他们也不享受年终奖金。就非工资福利而言，在 2005 年以前，农民工船员不享受任何非工资福利，直到 2005 年航运公司才开始为这些船员缴纳部分社会保险（只缴纳工伤险、医疗保险，没有养老保险或其他保险）。另外，农民工船员的保险标准也是根据农民工户口所在地的标准来缴纳的，这样其缴纳金额就远低于那些注册船员。

笔者从人力资源经理那里了解到，农民工船员的福利待遇金额至少比注册船员的少 50%。许多农民工船员表示他们希望成为注册船员，这样就能得到更好的福利待遇。当 Ag1 公司跟农民工船员签订注册员工合同的时候，很多农民工船员都欢呼雀跃起来。在第九章中将更详细地讨论此问题。

综上所述，高级船员尤其是农民工高级船员对 Ag1 公司提供的低福利待遇很不满意。这也进一步解释了为何许多船员仍在公司登记注册，但实际上已在国内航运市场上工作，从而限制了船员向全球劳务市场的输出。

除了工资外，船员对 Ag1 公司的工资管理方式也很关注。下一节将研究船员薪酬改革，以及这一改革对船员的影响。其目的是继续解释 Ag1 公司船员供给短缺以及船员劳务外派业务缩减的原因。

第三节　船员薪酬改革

一　船员薪酬改革的实施

Ag1 公司实施了船员薪酬改革，目的是摒弃 20 世纪 80 年代实行的"同薪同酬"，加大高级船员和普通船员之间的工资差距。

改革之前，船员的工资需符合国家和当地政府的要求。各个级别的船员工资基本相同。例如，普通船员和高级船员的工资基本相同，普通船员 200 元，高级船员 300 元；政委的工资最高，大概为 400元。从 20 世纪 90 年代开始，船员的工资开始与他们在船上的岗位挂钩，高级船员和普通船员之间的工资差距加大。从那时起，船员开始意识到在船上"等级"的意义，以及高级船员和普通船员之间的差距。一位大副说：

> 1990 年之前，如果想成为高级船员很容易。不需要参加考试，只要提出申请，由公司任命即可。因为那时候工资基本相同，许多人没有申请高级船员的职位。但是现在经济改革之后，因为高级船员和普通船员之间的巨大工资差距，他们感到很后悔，而这一情况在 20 年前是很难想象的。

从 2003 年开始，关于船员薪酬的另一项改革与船员的工资结构有关。总公司在学习了西方人力资源管理经验之后，尝试通过改革将船员的工资与他们的业绩挂钩。

2003年，Ag1公司的固定工资体系（包括基本岗位工资和航行津贴），被新的工资体系代替，即固定工资和绩效工资。绩效工资占船员工资的30%~35%，由固定绩效工资（基本绩效工资的80%）和浮动绩效工资（基本绩效工资的20%）两部分组成。基本绩效工资视船舶情况和航线情况而定。船员工作的船舶越大，航线越远，船员得到的基本绩效工资就越高。例如，如果船员在一只16万吨的船舶上工作、在美国和欧洲航线上航行，那么船员的基本绩效工资要比在5.9万吨船舶上工作、在国内航行或在亚洲地区航线上航行的船员得到的基本绩效工资高2~3倍。图5-2显示了不同级别船员分别在新型、大型船舶上，在美国和欧洲航线上航行，以及在老旧小型船舶上，在国内港口之间航行的基本绩效工资差别。

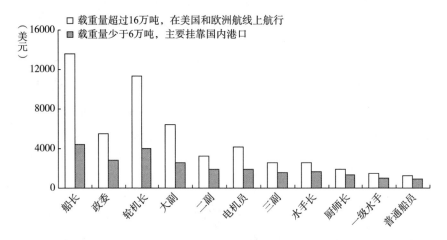

图5-2　不同船舶和航线上不同级别船员的基本绩效工资水平

资料来源：Ag1公司2008年的综合统计数据。

2005年，Ag1公司创建了一种用来评价船员业绩的特别方法，称作"船舶等级管理方法"。每6个月会有一组经理到船上对船舶的管理和船员的工作表现做出评价。基于这些评价，给出船舶的不同评价指标。评价指标包括海上事故、海上检查结果、安全管理、船舶的维修和保养、成本控制以及综合管理。另外，将绩效工资分为三部分：固定绩效工资（基本绩效工资的 60%）、员工表现工资（基本绩效工资的 35% 乘以作为船舶等级管理方法结果的指标）以及个人特殊奖励（基本绩效工资的 5%）。

2007 年，另外两部分（加班工资和休假工资）被纳入工资体系中。绩效工资的三部分比例也发生了变化，其中固定绩效工资比例减少到 45%，员工表现工资的比例增加到基本绩效工资的 50%。

到 2008 年，Ag1 公司的船员工资包括：第一，固定工资，占船员工资的 45%，包括基本岗位工资、航行津贴、船上加班工资和休假工资；第二，绩效工资，占船员工资的 55%，包括固定绩效工资（45%）、船员表现工资（50%）以及个人特殊奖励（5%）。

二　改革对船员的影响

（一）"固定船舶、固定工资"政策

尽管进行了改革，但由于"定船定员"政策，船员的工资与他们所分配的船舶条件紧密相关，而与他们的表现无直接关系。船员如果被"固定"在条件较差的船上工作，那么他们的工资就比在条件好的船上工作的船员工资低。这从下面对固定工资和绩效工资各个方面的分析可以看出来。

关于固定工资，其中休假工资和航行津贴对于所有船员来说都一样。基本岗位工资和加班工资所乘系数受到船员所工作船舶的型号、吨位、航线的影响（见表 5-4）。

表 5-4　不同类型船舶的工资系数

吨位	船舶类型对应的工资系数		
	类型 A	类型 B	类型 C
10000~59000 吨	1.00	0.9	0.8

续表

吨位	船舶类型对应的工资系数		
	类型 A	类型 B	类型 C
60000～99000 吨	1.05	1.00	0.9
100000～160000 吨	1.20	1.05	1.00
大于 160000 吨	1.30	1.10	1.05

资料来源：Ag1 公司 2008 年的综合统计数据。

　　因此，在新型、大型船舶上工作的船员，其岗位工资、加班工资以及固定工资要高于那些在小型船舶上工作的船员。

　　关于绩效工资，其中 45% 为固定绩效工资，这就等同于 45% 的基本绩效工资如上文所讨论的那样，是由船舶的状况决定的。因此，在大型、新型船舶上工作的船员的基本绩效工资就会更高，从而固定绩效工资也更高。

　　船员绩效工资等于基本绩效工资的 50% 乘以指数，指数为船舶等级管理方法结果的指标。这样，船舶评价等级越高，船员得到的船员绩效工资也就越高。然而，从对 2003～2007 年建造的 28 艘船舶进行的 9 次评估结果来看，新型、大型和条件好的船舶等级高，旧船和那些条件差的船舶等级低（见图 5-3 和表 5-5）。

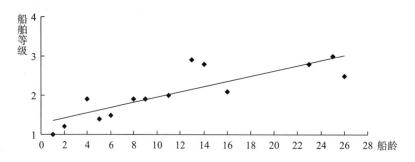

图 5-3　船龄和被评估的船舶等级

注：船舶等级，1 表示等级高，4 表示等级低。

资料来源：Ag1 公司 2003～2007 年的年度工作报告。

表 5 - 5 2003~2007 年经理对不同船龄船舶的评估等级

截至 2007 年年底船舶已使用的年数	1	2	4	5	6	8	9	11	13	14	16	23	25	26
船舶数量	2	2	5	3	1	2	2	1	5	1	1	1	1	1
2003~2007 年被评估的次数	4	7	29	23	8	16	16	7	38	8	7	6	4	3
2003~2007 年被评估的平均等级	1	1.2	1.9	1.4	1.5	1.9	1.9	2	2.9	2.8	2.1	2.8	3	2.5

注：对船舶的评估从 2003 年 7 月开始，一年两次。因此从 2003 年 7 月到 2007 年 7 月共进行了 9 次评估。评估都由公司来执行。但是并不是每次评估都有 28 只船，不同的原因会导致有些船不能进行评估，比如某次评估时，船舶闲置或者无法挂靠港口。

资料来源：Ag1 公司 2003~2007 年的年度工作报告。

受访船员也反映了此问题。当谈论工资管理问题时，一位大管轮说：

你所工作的船舶条件直接决定了你的工资。对于新船来说，船上问题少，维修也少，不需要像在旧船上那样做大量的工作来改善船舶条件。那些老旧船舶问题较多，不管我们多么努力地工作也没办法达到要求。问题实在太多了，需要太多的维修和保养工作，即使这样也无法做到完美。对于一些老旧船只，即使是外行也能区别出来，它们肯定是最低级的或未定级别的，因为条件实在是太差了。

因此，在新船或大型船舶上工作的船员就可以得到高绩效工资。

个人特殊奖励（占基本绩效工资的 5%）是用来给予那些做出重要贡献的船员，例如保护国家、公司和船舶利益，挽救人员生命，显著提高利润或减少公司成本，为公司在全国赢得著名奖项。由于标准较高，每年仅有 10~20 名船员可以得到该奖励。大多数船员无法得到这部分奖励。因此，个人特殊奖励不能反映船员日常工作表现。

综上所述，被分配到新型、大型船舶上工作的船员能够比在小型船舶上工作的船员得到更高的绩效工资。因此，船员的工资与他们的表现无直接关系，而是跟船舶的条件密切相关。工会主席说：

> 尽管对工资结构进行了改革，但是船员的工资并不是由船员的表现决定的而是受到船员所工作船舶的条件影响。当船员被分配到某船上工作时，他们的工资也就基本固定下来了。

改革船员薪酬后，那些根据"定船定员"政策被固定分配在小型船舶或条件较差船舶上工作的船员无论多么努力地工作，都只能得到低工资。将各部分工资相加，在大型、新型船舶上工作的船员工资明显高于在小型、老旧船舶上工作的船员工资。

船员认为这样的工资管理不合理。例如一位二管轮说：

> 不管在什么样的船上工作，所做的工作基本相同。但是在条件差的船上工作，工作更辛苦，赚得还少。这不公平。

（二）管理中隐藏的问题

船员的工资管理还给船员造成了其他一些问题。根据船舶等级管理方法，经理在考评船舶管理的时候，还需要考虑船员在海上工作期间的受伤情况。这样，一些船员就会隐瞒在船上发生的事故，尽可能少报告受伤情况。一位二管轮讲述了他的经历：

> 一位水手从甲板上摔了下来，摔伤了腿。受伤船员应该立即被送往医院治疗。但是如果经理知道此事，那么整条船上所有船员的绩效工资都要被扣除。另外，受伤船员还会因为犯错而受到双重惩罚。因此，船上的每个人都想对管理者隐瞒这件事。高级船员解释说，这样做是因为他们希望为船东省钱。我们知道这并不是真正的

原因，真正的原因是领导害怕公司发现船员受伤而降低整条船的等级。

事实上，由于这一管理，船上很多问题被隐藏起来。越来越多的问题无法报告给管理人员，这样在船上工作就会越来越苦。正如受伤船员的那个例子一样，因为他摔伤了腿，所有船员的绩效工资都要被扣除。如果你是他的同事，你也不会高兴，因别人造成的事故就要扣除你的部分工资，这不合理。没有人希望看到别人受伤或遇到麻烦。另外，从受伤船员工资里双倍扣除绩效工资更加不合理。他本来就够不幸的了。

另外，一些船员非常厌恶船舶等级管理方法，因为他们认为经理的检查增加了他们的工作量和压力。一位普通船员说：

事实上，国际海事组织的检查就已经很多了。但是，航运公司的检查甚至比国际海事组织的检查还要严格、细致。航运公司检查组成员由一些对公司不太重要的经理组成，因此他们有大量的时间待在船上。每次检查都持续一整天时间。当领导在船上的时候，我们就必须陪着，并且每一方面都要提供良好服务。这很累人。我们做不了其他工作。他们离开后，我们还要面对海事组织的其他检查。这之后，我们要做大量的航行准备工作。42 天的海上连续航行后，仅在港口停靠 3 天，我们真的非常想上岸休息一下。但是检查组来的时候我们就无法上岸，因此我们都非常失望。我们也是人，也需要买食物、到陆地上走走……

对 Ag1 公司工资管理的不满导致一些船员为国内其他航运公司工作，这也对 Ag1 公司船员劳务外派业务造成了不利影响。

第四节　小结

本章首先讨论了 Ag1 公司高级船员工资普遍低于国内船员劳务市场上其他船员工资这一问题。经讨论发现，船员工资低的原因与以下四个方面有关。第一，由于总公司控制对船员和经理的福利待遇投入，Ag1 公司无法灵活调整船员的福利待遇。这导致，在 21 世纪初国内船员劳务市场船员工资快速增长的时候，Ag1 公司船员工资较低。第二，Ag1 公司的经理享受良好的福利待遇。而且，由于机构精简改革的失败，经理数量仍然庞大。庞大的经理数量和他们良好的福利待遇对高级船员的福利待遇造成了负面影响。第三，大部分船员的福利待遇投入用于缴纳船员的社会福利，减少了当前雇用船员的工资。第四，Ag1 公司的普通船员工资比国内船员劳务市场上其他船的工资高，也造成了高级船员的工资低。

这四个方面反映了 Ag1 公司管理改革的局限性，造成高级船员尤其是农民工高级船员的工资低于在国内其他航运公司工作的高级船员。这样，Ag1 公司的一些船员暂时在国内船员劳务市场上其他航运公司工作，使 Ag1 公司无法派遣这些船员，进而限制了船员劳务外派业务的发展。

本章还讨论了船员工资改革对船员造成的影响。船员工资改革原本打算将船员工资与其业绩挂钩来激励船员。但是，改革未能达到此效果。第一个原因是船员的工资受"定船定员"政策的影响，在很大程度上取决于船舶的条件，而与船员的表现关系不大。因此在条件差的船上工作的船员无论多么努力都无法摆脱低工资。第二个原因是船员认为这项管理改革对向公司报告船上的问题造成了障碍，经理的检查还给船员增加了更多的压力。这也进一步解释了为什么在 Ag1 公司工作的一些船员为国内其他航运公司工作，从而造成了船员的短缺，以及船员劳务外派业务的减少。

总之，被派到外国船舶上工作的中国船员的工资不再比在国内船员劳务市场上工作的船员的工资高。Ag1 公司的船员尤其是高级船员对他们的低工资和 Ag1 公司的薪酬管理表示不满，因此一些船员更愿意为国内其他航运公司工作。这些公司能够提供比 Ag1 公司更高的工资。船员的短缺阻碍了 Ag1 公司船员劳务外派业务的发展。

　　下一章继续探讨 Ag1 公司船员到国内船员劳务市场上工作，无法被 Ag1 公司派遣，从而限制了船员对国际市场的供应的原因；详细分析了 Ag1 公司船员劳务外派业务下滑的情况。

第六章　经理与船员的关系、工会的作用和劳务外派业务

本章进一步解释了为何劳务外派公司的许多船员虽然在公司登记注册，但临时为国内其他航运公司工作。本章主要讨论了船员对经理的不满。第一节分析了经理行为及其如此表现的原因；第二节讨论了工会在代表船员利益时起到的作用，分析表明工会未能保护船员的利益、改善他们的处境，这造成 Ag1 公司的船员缺乏工作积极性，甚至一些船员到国内船员劳务市场上寻找工作；第三节和第四节分别讨论了 Ag1 公司船员短缺的情况及其对船员劳务外派业务的影响。

第一节　经理与船员的关系以及经理的聘用管理

一些船员对于经理对待他们的方式表示不满。
一位大管轮说：

> Ag1 公司归国家所有，而不是归个人所有。利润也归国家，公司不会破产。因此，经理们不关心船员有多努力工作，船东是否满意或者公司利润是否高，因为这和他们的个人利益无关。他们只考虑自己，尽管船员给劳务外派公司创造利润，经理仍然觉得他们不重要，船员需要取悦和贿赂经理。我有一个亲戚毕业了打算到我们公司工作。我阻止了他，因为如果他在这工作，就会像那些经理一

样，整日游手好闲、虚度时光，这对于年轻人来说不好。

一位三副说：

　　劳务外派公司建立的时候只有22个人。但是现在有50多人，因为很多闲置人员都被招募进来。经理的福利待遇很好。这本应该没有什么问题。但问题是，经理是否有资格享受这些待遇，他们是否做了有益于船员的事情，是否考虑了船员的利益，是否承担了他们的职责。如果他们做得很好，我认为他们确实应该得到更好的待遇。但是，实际情况是他们不关心船员或公司的发展。当经理受贿时，他们只考虑自己。

一些船员抱怨经理对他们的态度很差。一位船长说：

　　经理处于很高等级的位置，经理和船员之间是不平等的。经理特别是年轻经理没有航海经历，感觉他们是特权阶级，可以命令我们做这做那。他们看起来很自大，对我们根本不尊重。因此，现在经理和船员之间的关系很差。

如果我们了解经理的聘用，就能在一定程度上理解他们的行为。

Ag1公司同一等级的经理工资都差不多。每一等级分五个级别。经理在公司工作的时间越长，等级和工资也就越高。经理的工资很固定，包括基本工资（60%）和绩效工资（40%）。绩效工资不受个人表现的影响，而是受到航运公司航运业务年终经济效益的影响。据经理所说，年终经济效益与航运市场和全球经济状况、政府政策、当前汇率以及海上航行安全等因素有关，而与他们个人的努力程度无关。

经理的年终奖金也与航运业务的经济效益有关。如果航运公司的利润低于总公司的标准，那么经理的奖金就低。但是，即使公司的利润高于总公司的标准，经理也无法得到更多的奖金，因为航运公司不可以自行使用剩余利润。

Ag1公司没有系统的办法来监督或评价经理的表现。经理的工作轻松、愉快。他们大多数时间在一起聊天或者上网，中午可以在一个现代化的豪华餐厅免费用餐。这之后，公司会组织一些集体活动，例如跳绳、徒步、打乒乓球、跳舞。就像船员所描述的："经理没什么事情可做，他们也就是聊聊天、看看报纸或喝喝茶。不像我们，经理工作根本没有压力。公司就像养老院。"

因此，经理的表现似乎并没有被有效地评估或监督，他们的工资相对固定，与他们对公司的贡献关系不大。当谈到经理福利待遇改革的时候，工会主席说："还是传统的'大锅饭'。没有激励，也没有改革。"

另外，经理招聘仍然保留了以往的习惯，在很大程度上受到关系的影响。新招聘的经理与公司签署8年合同，其余的经理可以与公司建立终身劳动关系。在招聘经理的时候，关系非常重要，因此每当Ag1公司新总经理上任的时候，都会出现一个有趣的现象：一些重要岗位的经理会被派去做其他工作，一些被临时雇来帮助做管理工作的船员会被解雇；同时，一批与新总经理有关系的新经理会被雇用。例如，2007年1月，Ag1公司换了总经理，结果到2007年8月，大概40名经理被逐渐替换。一位在此过程中失去工作的司机讲述了他的故事：

"一朝天子一朝臣"，像我这样的船员，还有其他没有强大社会背景的人，就会在新总经理上任的时候被解雇。新总经理的解释是我们部门人太多。事实上，我们部门的工作并不简单，而且就只有三个人。结果，我先被解雇了。两个月后，另外两个人也被解雇了。现在那个部门有三个新招聘入职的人在工作。几周前，我从一名船员那里得知，代替我工作的那个人犯了一个严重错误，他将公司一些重要数据删除了。但是，他仍然可以在那里工作。而且他的工资比我当时的工资还高。我们在那里工作的时候，每个月工资只有 1000 元，因为我们不是注册员工。但是现在新员工的工资是每个月 3000 元……如果我与某些有权的人有关系，那么我就能一直在公司工作，而且比他们赚得更多。事实上，就工作能力而言，我不比他们差。

一位之前做调配工作，在这一过程中被解聘的船员讲述了他的故事：

> 我现在不想回劳务外派公司工作，因为我很失望。其实，我可以离开劳务外派公司，但是需要给我一个合理的解释。当我离开时，新经理给出的说法是船上缺少船员，公司需要人员精简，因此在管理岗位上工作的船员需要到船上工作。我接受了这一安排。但是，我发现事实并不是这样。接替我工作的人仍然是一名船员，他和我从同一所海事大学毕业，但是他不用到船上工作，可以坐在那里，批评我的同事。既然情况是这样，那我为什么要回公司？我觉得只要你和某些有权的人有关系，你就可以过得很好，也不必辛苦地工作，但是对于我来说，在劳务外派公司工作没有希望。

由于在经理的招聘管理中，关系起到了重要作用，一些被招聘的经理并没有航海或海事相关工作经验。2008 年，经理中一半人员如此，他们中许多人是年轻的毕业生。一些船员抱怨这些经理缺乏专业知识和沟通技巧。一位轮机长说：

> 由于总经理的变动，许多之前的经理被新人代替。与他们进行了一些工作上的接触后，我发现许多新经理对他们的工作或海上工作几乎不了解。一些年轻人刚从大学毕业，从未在船上工作过。他们对甲板或轮机工作一点儿也不了解，但是他们被安排从事人员调配管理工作。那他们怎么工作呢？

另外，经理晋升管理并不基于系统评价，而在很大程度上取决于领导对经理的印象。航运公司总经理在介绍经理晋升管理时说：

> 我们有一个评价体系，但是条款太多，没有人能记住。因此，我们采取传统方法，根据他们日常表现给我们留下的印象来做决定。如果你认可这个人，你就提升他。

另外，公司并没有对经理进行足够的专业培训。培训计划由劳务外派公司制定，并且每年由总公司审批。笔者从受访的经理那里了解到，定期组织的培训包括思想道德教育、党课以及一些有关电脑基本操作的培训。关于提高经理专业知识或工作技能方面的培训几乎没有。新入职经理从年长经理那里学习技能和知识，年长经理在日常工作中帮助和指导他们（通常所说的"传、帮、带"）。

对于经理的管理缺乏改革，这也从一方面解释了为什么船员对经理的行为以及经理对待船员的方式表示不满。这些不满导致许多船员虽然在 Ag1 公司登记注册，但是临时在国内其他航运公司工作，进而导致了 Ag1 公司船员短缺，船员劳务外派业务下滑。

下一节将谈论工会在代表船员利益中起到的作用，从而解释 Ag1 公司船员供应短缺和劳务外派业务下降的一些原因。

第二节　Ag1 公司工会

根据《中华人民共和国工会法》，中国所有工会都隶属于中华总工会并由其领导。很多学者对中华总工会的作用已经进行了研究。研究显示，中华总工会由于其政治框架，无法成功地代表工人的利益。本节在讨论 Ag1 公司工会个案之前，先就此问题进行讨论。

一　对中华总工会的研究

Metcalf 和 Li（2005）认为中华总工会尽管人数众多，且试图通过法律来促进集体合同的实行，但是这些法律比较空洞。中华总工会和各级工会没有自主权和组织工人集体行为的能力，因此很难代表工人的利益。

Taylor 和 Li（2007）认为中华总工会不是一个代表工人利益的联盟，而是一个政府机构。原因有如下三点。第一，中华总工会的作用被定义为保护工人的利益和国家的利益。因此，当发展市场经济、提高资本利益来加速经济增长成为国家目标时，中华总工会处于一个两难的位置，它必须要把国家利益放在第一位，把工人利益放在第二位。第二，工会官员没有有效的选举制度，大多是由企业任命的。第三，中华总工会在中国是唯一的工会联盟，完全受中国共产党的领导。因此，中华总工会是一个政治组织，而不是一个工人联盟。

在研究中国工会时，Warner（2008）发现中华总工会虽然是一个联盟，但是没有谈判能力和自主权。其研究表明，尽管改革开放使中华总工会与国际组织之间的联系加强，但是其与西方工会之间的差距仍然存在。中华总工会仍保持其鲜明特点，而不是趋同于西方工会。在中国，工人没有罢工的权利，禁止独立工会的成立，不鼓励内部工会存在异议。这些特点从根本上来说与工会体系结构有关。

这些研究有助于理解中华总工会的性质，然而忽略了工人是如何看待工会的。在对中国工会的最新研究中，Nichols 和 Zhao（2010）通过对中国汽车产业三家国有企业进行研究，强调了工人对工会的看法。笔者发现，虽然工人对中华总工会表示不满，但是他们认为工会是必需的。工人对工会不满的原因有两点：一是工会缺少对工人的福利支持，提供较少的社交活动；二是工人很少有机会参与制定公司的管理决策。事实表明，工人与管理者的利益不同，是工人对工会不满的一个重要原因。

通过文献综述明显发现，中华总工会由于其在中国的政治框架，未能成功地代表工人的利益。下面将重点介绍 Ag1 公司工会，解释为何工会未能充分发挥其作用，并讨论船员对工会的看法。

二 Ag1 公司工会及其结构

Ag1 公司工会从劳务外派公司成立之日起就一直存在。该工会受航运公司工会的直接管理。两个工会之间的合作机制如下：航运公司工会发起活动，控制整个过程，并提供资金；然后由 Ag1 公司工会进行大部分的具体操作，包括组织船员、租用场地、报告进展等。

Ag1 公司工会还接受 Ag1 公司内部总经理的管理。工会主席的地位和待遇与 Ag1 公司副总经理的待遇相同，比其他高级经理如调配部门和培训部门经理的待遇要高。

工会仍然保持传统结构，有 7 名全职工作人员：1 名主席、6 名工会成员。然而，Ag1 公司工会委员会的工人代表不是由船员选举产生的，而是由调配经理随意从上岸休假的船员中选择的。一位退休的调配经理说：

> 主席和工会委员会代表本应由船员选举产生，但在本公司并不是这样。许多加入工会委员会的人是由经理从上岸休假的船员中选择的。从工会了解到，公司在选择代表的时候，会选择那些比较听话、比较聪明的船员。他们应该明确知道什么该说，什么不该说。他们应该赞同管理，没有不同意见。

工会委员会成员也不是由选举产生的，而是由总经理任命的。因此，工会委员会由财务部、人力资源部、人员调配部、船上党支部、培训和设备管理部等各个部门的经理组成。主席是船员管理部门的经理。一位参加过选举会议的船员对会议情况是这样描述的：

> 经理们坐在台上，宣读候选人名单，然后询问我们是否有不同

意见。五秒内，如果没有人回答，那么工会成员就被确定。

除了陆上的工会组织之外，每一只船上也有工会，工会在政委的领导下工作。在经济改革之前，政委负责政治思想工作，其地位很高。在那时，是由政委而不是由船长管理整条船。目前，由于中国政府将工作重点转移到经济发展上来，除了几家大型国有企业外，很少有航运公司在船上设置政委职位。

Ag1 公司有 56 名政委。尽管在管理方面船长拥有绝对的权力，但是政委仍然像 30 年前一样拥有很高的地位。例如，政委有很大的权力，可以影响船员的晋升。另外，政委的工资很高，是普通船员工资的 3 ~ 4 倍，仅比船长和轮机长的工资低。笔者从工会主席那里了解到，在船上，政委负责领导工会，组织船上活动，保护财产，向公司工会反映船员的看法和问题。

Ag1 公司工会包括 540 名注册经理、2200 名注册船员，但是 900 名左右的农民工船员并未包括在内。这与中华总工会提出的尽可能包括更多的工人这一要求相抵触。工会主席未对此做出任何解释。

三　Ag1 公司工会的作用

工会仍然保持组织娱乐活动和为工人提供福利的传统作用。工会主席认为工会的最终目的是方便公司管理。他说："工会的作用没有改变。我们为管理提供'后勤服务'。"

工会组织船员参加的活动主要包括温泉旅行、体检、运动比赛和劳动技能大赛等。另外，在工会的支持下，船员图书馆在 2004 年建成。还有，在传统节日去拜访船员及其家人也是工会的一项主要工作。每当传统春节到来的时候，工会主席和工作人员都会拜访大约 50 个船员家庭，为贫困家庭送去礼品和慰问金（2008 年，被访问家庭每户 800 元）。他们还去当地港口拜访在船上工作的船员，带去书和食品。这些活动资金来源于航运公司，占工人福利待遇投入的 20% 。工会主席说：

由于航运公司的支持，我们才能组织这些活动。我认为，在这个城市其他任何一家公司都不可能投入这么多资金来组织这么多活动。由此可见，在国有企业工作有多好。

在代表船员利益方面，工会取得的成绩很少。当船员被固定分配到条件差的船上工作，一些船员工资低，还有一些船员多年都未得到晋升的时候，工会主席虽然不赞同管理战略，但是对改进无能为力。

除此之外，工会主席和工会委员会成员还帮助经理们制定船员管理和控制方法。2006年，当劳务外派公司发现一些船员在为其他劳务外派公司工作的时候，工会主席建议采取扣除船员绩效工资（占工资总额的55%）的战略来阻止船员这么做。根据他的建议，如果船员被发现在为其他劳务外派公司工作或打算离开公司，那么公司就会从他的工资总额中扣除他前一年的绩效工资。然而，由于可能造成船员不满以及社会不稳定，这一建议没有被采纳。

当谈论到工会代表工人利益这一职责时，工会主席说：

在中国，工会只是努力搞好娱乐活动和提高工人福利。工会不可能和公司对着干。工人也不可能花钱来支持工会。工人不会为工会成员支付工资。所有资金都来源于公司。因此我们不会与之作对。

另外，工人参与公司管理决策制定的权力也未得到工会的保护。按规定，在制定与工人利益密切相关的决策时以及在决策执行之前，需要得到工会委员会代表的同意。既然工会成员80%为船员，那么委员会的大多数代表也应该为船员。但是，据工会主席介绍，这些会议大多由经理们参加，参会的船员数量非常少。他解释说：

每次会议大概有20人参加，主要是经理。船员仅占少数，主要是因为让他们参加很不方便。按照规定，参加会议的人应该为船员和经理选出的代表。事实上，我们通常邀请工会委员会成员和公司的经理参加。这样的会议并未得到认真对待。

四　对工会的评价

工会主席对自己的工作非常满意，因为他认为他能够为经理们的工作给予帮助。他说：

有时，当船员家人生病，要求船员回家的时候，我和其他一些经理会带着鲜花和水果，有时候是慰问金，前去看望病人。如果他们住在市外，我会让当地的船员代表我去看望。船员的家属，特别是农民工船员的家属对此非常感动，因此他们经常会告诉船员不用回家了。工会的工作就是如此——保持整个船员队伍的稳定，帮助经理们解决问题。我想我已经很好地完成了我的工作。

其他经理也对工会工作做出了正面的评价。正如工会主席所说，其他经理认为工会对他们的工作有帮助，并且为船员提供了良好的保障。人力资源经理说：

工会为船员和其家人提供保障支持。这对我们的工作非常重要。我觉得工会的工作做得很好。

船员对工会的评价则与经理的评价有所不同。他们认为他们与工会几乎没有联系，工会对他们来说意义不大。一位三管轮说：

工会的作用是组织娱乐活动，对受伤船员进行慰问，在特殊场合拜访一些船员的家属。然而，这仅是一小部分成员能享受到的待遇。对于大多数船员来说，我们与工会之间根本没有联系。20 年前，在传统节日，工会给我们发食品，比如大米、面粉和鸡蛋。但是现在，这些待遇只有经理们能够享受，船员们则没有。目前工会的作用仅是在我们上船工作的时候，为我们买几本书和影视产品。这样，工会存在与否没有很大差别。

当谈到工会代表工人利益的时候，船员抱怨很多。下面是一位二副举的例子：

工会的作用？我可以给你讲两个发生在船员身上的故事，并且公司里几乎每个人都知道这两件事，然后你自己就能得出结论。一位船员的母亲得了癌症，向工会求助，但是工会并没有帮多少忙，后来这位船员的母亲去世了。另一个故事是因为政府建了两栋楼，挡住了船员住房外面的路，船员们向相关政府部门反映投诉，相关政府部门要求工会解决此事。结果就是工会并没有帮助船员，而是要求船员停止投诉。

因此，你可以看到工会并没有代表船员的利益。实际上，工会是帮助政府和管理者来解决他们的问题。工会不是工人的联盟，是党的。工会主席也不是由工人选举产生的，而是由政府任命的；工会的资金也不是由船员提供的，而是由公司提供的。工会并不独立，而是依赖于管理者。我想这就是解释。

一位三管轮说：

2005 年，有消息说船员要涨工资。但是直到 2007 年也没有涨，工资实际增长比我们的预期要低很多。我们的工资仍然比劳务市场上其他船员的工资低。但是工资增长计划实际上已经得到工会委员会的通过。许多船员想知道：当计划建立的时候，我们的工会在哪儿？我们的代表又在哪儿？当资本家与劳工协商的时候，工会又为船员做了什么？

另外，船员认为他们无法影响公司管理决策的制定。一位大副说：

> 管理决策的制定不关船员的事。没有人会询问我们的意见……工会委员会就是形式主义。没有人关心船员的意见。

事实上，即使船员对管理有不同的意见，他们也不敢告诉管理者，因为这有可能造成非常严重的后果。一位普通船员说：

> 经理根本不听船员的。如果你说了实话，那么他们可能会很多年都不派你到船上工作。因为你要支付的保险费用高于你在岸上休假时候的工资，所以你就不会有任何收入，每个月末还会欠公司几百块钱。这样你怎么生活，哪个家庭又能忍受？因此，你只能对管理采取隐忍态度。通常，我们表达气愤或不同意见的方式只是在聚会的时候与船员朋友们开开玩笑。他们也不会当真，因为即使你说，也无法改变什么。

一位二管轮说：

> 只要船员还想在这工作，保住饭碗，等到退休的时候有个依靠，就不会有人向经理反映他们的意见。如果他们告诉经理他们的意见，经理们很有可能会生气，因此就不会给他们工作机会。这对船员来说有百害而无一利。

> 一名船员向工会委员会提建议，结果却得到了经理的严惩，针

对此事几位船员开玩笑说，这个船员太傻了。

不同于前文提到的工会为经理们组织的各种活动，工会为船员组织的活动相对较少。最常见的活动就是泡温泉。船员均对此表示厌倦。一位三管轮说："这是工会定期为船员组织的唯一活动。泡温泉的地方设施不好，食物也不可口。因此，当你去了两三次后，你就不想再去了。"工会主席也说："船员因为去过很多次，都已经厌倦了。"

当谈论到船上政委领导的工会队伍时，船员们认为政委并未真正帮助他们。船员们在海上面临海事检查和繁重工作造成的巨大压力，他们认为政委仍然保持传统作用，对于船上工作来说没有用处而且多余。另外，由于政委的权力，船员从其职业发展考虑，还得努力和政委搞好关系。这使船员在海上的工作更加艰苦。一位二管轮说：

　　政委的作用没有改变。他们做政治工作，传播党的精神。他们地位高，工资高。尽管他们对海上工作什么也不了解，却仍然能够监督和管理我们。并且你必须和他们保持良好关系，否则当你想要晋升的时候就会遇到麻烦。我知道一位大管轮想要参加晋升培训考试成为轮机长，但是因为他与政委的关系不好，他的晋升申请没有得到批准。像这样的事情并不罕见。

一位二副说：

　　政委在船上什么工作也不做。他们非常清闲。他们既不关心船员，也不帮助我们。当他们高兴的时候，就帮助打扫船的卫生，或帮帮厨。如果他们不高兴，就在自己的船舱坐着，写写短文，宣传一些政府的新精神，或者报告船员如何积极响应新政策并且支持政府的决定。这些文章会在企业内部杂志发表。

不同合同形式的船员对工会的评价也不同。相比较而言，农民工船员对工会的不满要比注册船员更加强烈，因为他们不是工会成员，不能享受工会提供的有限福利。一位农民工船员抱怨道：

> 我的工资和福利待遇比注册船员低。我不能参加工会组织的活动，例如去泡温泉或者参加体育比赛。我希望成为工会的一员，至少让我感觉到在某些方面我与城里人的待遇是一样的。但是我们被工会排除在外。农民工船员是社会的最底层。没有人关心我们。

另外，不同级别的船员对工会的评价也不相同。相比较而言，注册普通船员比注册高级船员对工会更加满意。考虑到劳务市场上大量剩余的普通船员，Ag1 公司普通船员对他们的福利待遇和工作保障普遍表示满意（韩杰祥，2008；黄忠国、宁伟，2008；黄国勇，2008；印绍周、李冰、尹庆，2008）。

综上所述，在中国，工会由于其政治框架，在代表工人利益方面几乎没有起到作用。船员对工会有限的作用表示不满。由于缺乏激励机制提高船员地位和保护船员利益，许多船员在国内其他航运公司做临时工作。这造成了 Ag1 公司船员的短缺，妨碍了船员劳务外派业务的发展。下一节首先详细讨论 Ag1 公司的管理导致的船员短缺问题，然后分析从 2006 年以来的船员雇佣关系和劳务外派业务的变化。

第三节　Ag1 公司船员短缺的问题

从 2004 年到 2008 年，Ag1 公司船员的流失率虽然表面上非常低，仅为 3%，但是实际流失率很高。因为尽管许多船员仍然在 Ag1 公司登记注册，但是他们在岸上休假的时候，会临时为国内其他航运公司工作，这样 Ag1 公司就无法派遣这些船员。这与船员对公司的管理不满有关，例如在本章和前几章中提到的晋升机会很渺茫、培训质量低、工资

低、工资管理存在问题、经理的不公平对待，以及工会在代表船员利益时起到的作用十分有限等。

笔者从人力资源经理那里了解到，那些离职的船员大多数为年轻的高级船员。他们具有高学历，在 Ag1 公司工作不满 10 年。Ag1 公司年轻船员的离职与公司的管理有关。

首先，Ag1 公司的年轻实习生需要等很长时间才能有培训机会。每年 Ag1 公司招聘 100 多名海事专业毕业生。但是，这些实习生的培训机会很少。一位调配经理说："新毕业学生需要等至少半年时间才能得到公司的培训机会。"当谈到实习生的培训机会时，一位轮机长说：

> 1987 年，当我被招进公司的时候，我在家等了 8 个月才等到上船培训的机会。现在情况仍然这样。对于新毕业的实习生来说，很难得到培训机会。

总公司一位副总经理对其原因分析如下：

> 在中国，很长一段时间以来，为海事专业毕业生提供培训就是个大问题。这应该是海事教育机构的责任，但是因为教育机构没有船舶，这一责任就转到了航运公司。由于船舶建造规定，船舶缺少舱室、救生设施以及为实习生提供的空间。因此，很难对实习生展开培训。通常的方法是让实习生代替水手做普通船员的工作。

其次，关于实习生在海上的培训，Ag1 公司仍然使用 20 世纪 90 年代航运公司所运用的传统管理方法。根据中国海事局 2008 年的规定，实习生要在船上进行为期 12 个月的培训，完成规定的培训任务。但是，如总公司副总经理所说："在 Ag1 公司，由于在船上缺少为实习生提供的空间，实习生则被分派去做普通船员的工作。"一般来说，实习生在被提升为高级船员之前，会被分到海上作为实习生工作 3 个月，作为普通水手工作 9 个月，作为水手长工作数年。

这一管理造成了一些问题。当实习生被分配去做普通船员的工作时，他们在海上无法接受良好的培训。一位船长说：

> 公司没有给新毕业的实习生提供机会让他们学习知识成为优秀的高级船员，而是将他们派去做普通船员的工作。这样，即使在海上工作两三年，许多学员都不了解高级船员的工作。这是对人力资源的巨大浪费。这也严重降低了年轻毕业生对航海工作的热情。

一位三副说：

> 公司总说年轻人应该从低技能的工作做起，这样可以让他们打牢基础。但是，你要知道，当让你去做普通船员时，比如敲铁锈、搅拌油漆、刷油漆，每天重复这样的工作，你就会一点点遗忘你在学校学习的有关甲板上高级船员相关工作的知识。因此，这样的培训毫无意义。

再次，要花费很长时间，实习生才能被提升为三副或三管轮。一位轮机长说：

> 在我们公司，在培训期之后如果有空位，实习生首先会被安排去做普通水手的工作。之后再花三四年从事水手长的工作。结果就是在他们成为高级船员之前至少要作为普通船员工作 5 年。这时间太长了。

最后，实习生的工资很低。在培训的前 3 个月时间里，他们赚的工资是普通水手的一半。在随后的 9 个月时间里，他们的工资和普通水手一样多。在这之后，当他们做水手长时，工资不到三副或三管轮工资的一半。

年轻高级船员对这一管理非常不满，结果造成年轻船员成为 Ag1 公司船员辞职人员中的绝大多数。一位 29 岁的三副说：

> 2003 年，我们班同学有 20 人被 Ag1 公司录用。到目前为止，这些人当中的 60% ~ 70% 已经辞职。他们不在 Ag1 公司工作，是因为没有好的工作机会。在我之前几年或之后几年被 Ag1 公司雇用的一些年轻船员也去其他公司工作了。

Ag1 公司的实习生管理制度造成公司很难在当地海事院校招募到毕业生。笔者从 Ag1 公司人力资源经理那里了解到，在 20 世纪 90 年代，公司每年从当地海事院校招聘 70 ~ 80 名毕业生；在 21 世纪初，其招聘数量降为 50 ~ 60 人；在 2006 年只招聘到 11 名毕业生；2007 年招聘数量降至 6 人。人力资源经理说：

> 当地海事院校的学生对我们公司的管理完全了解，因此他们中很少有人愿意到公司工作。对于我们来说，每年都很难从当地海事院校招聘到毕业生。我们招聘的毕业生主要来自其他城市，因为他们不像当地学校的学生那样清楚地了解我们公司的管理，招聘更容易一些。

工会主席也确认了这一观点。他说：

> 随着由中央政府进行工作任命的计划经济的消失，我们很难从当地学校招聘到毕业生。招聘的船员主要来自其他城市的海事大学。

因此，许多年轻船员对 Ag1 公司的管理表示不满，甚至提出辞职。

尽管 Ag1 公司的辞职率相对较低（3%），但其隐性流失率很高，因为许多船员虽然在册，但实际上已在国内其他航运公司工作。这样 Ag1 公司就面临着船员短缺的问题，这不利于船员劳务外派业务的发展。下一节将详细讨论这一问题。

第四节　船员雇佣关系及船员劳务外派业务的变化

为了解决劳务短缺问题，航运公司要求 Ag1 公司于 2007 年停止其劳务外派业务，将被派遣的船员召回到航运公司的船舶上工作。Ag1 公司上一任总经理因将过多船员派遣到外国船舶上工作而被指责，结果被调到航运公司的另一个部门任职。航运公司的要求导致自 2007 年开始船员雇佣关系和船员劳务外派业务发生巨大变化。

一　船员雇佣关系的变化

（一）2007 年之前船员雇佣关系的管理

如第三章介绍的，在 2007 年之前，根据合同类型将 Ag1 公司的船员分为三类：在 2003 年之前招聘的注册船员，与航运公司签订劳动合同，大部分是永久合同；2003 年之后招聘的船员，与 Ag1 公司签订 8 年固定期限合同；从 1995 年开始招聘的一些农民工船员，他们与当地劳动局签订固定期限合同（见表 6 - 1）。

表 6 - 1　2007 年之前的三类船员（根据合同类型分类）

	航运公司的船员	Ag1 公司的船员	农民工船员
招聘时间	2003 年之前	2003 ~ 2006 年	1995 年以后
雇佣单位	航运公司	Ag1 公司	当地劳动局
2006 年船员数量（名）	1513	829	661

资料来源：Ag1 公司的人力资源部。

这三类船员的工作地点见图 6-1。

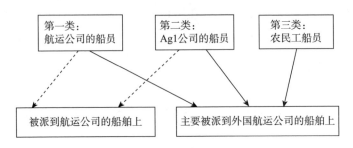

图 6-1 2007 年以前三类船员的工作地点

资料来源：Ag1 公司的人力资源部。

（二）2006 年以后船员雇佣关系的管理

2006 年年末，由于船员短缺，之前在国外航运公司船舶上工作的船员被召回到航运公司的船舶上工作。另外，在 2007 年许多农民工船员签署了 8 年固定期限合同，并成为航运公司的注册船员，在航运公司的船舶上工作。

2007 年 7 月，《中华人民共和国船员条例》实施，该条例要求船员与他们实际工作的航运公司签订劳动合同。这样第二类船员（先前与 Ag1 公司签订合同的船员，见表 6-1）就可以与航运公司签订合同。这样，在 Ag1 公司登记在册的船员就很少。从 2007 年开始，船员劳务外派业务发生了巨大变化。

二 与外国船东之间的船员劳务外派业务缩减

（一）2007 年之前的劳务外派业务

2007 年之前，船员调配部由三个部门组成（见图 6-2）。每一个部门负责一组客户。

船员调配部门一负责航运公司的船员调配。在这一部门工作的船员均为注册船员。从 2000 年开始，由于与欧洲和美国大型航运公司建立了越来越亲密的合作关系，调配部门二建立，专门为这些大型外国航运公司服务。

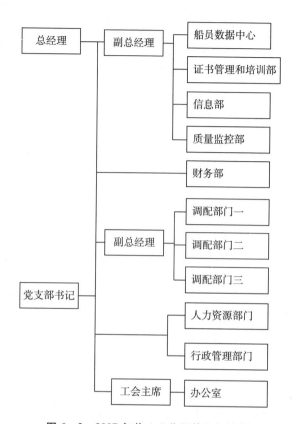

图 6 – 2　2007 年前 Agl 公司的组织结构

资料来源：Ag1 公司的人力资源部。

调配部门三是一个小部门，主要负责对国内小型航运公司船舶派员。其合作一般为短期合作，大多数船舶的条件不好，提供的工资较低，船东的管理也不专业。一位经理称该部门为"收容所"，因为为这一部门工作的船员均是被其他部门拒之门外的船员，例如脾气差、技能水平低或有不良航行记录的船员。有时候 Ag1 公司的经理并不为船员提供工作信息，而需要船员自己去寻找船舶工作。为了得到上船工作许可和证书（证书被公司控制），船员每个月向 Ag1 公司缴纳工资的 10%。

总之，通过比较，可以总结出这三个部门的主要特征（见表 6 – 2）。

表 6 - 2　2007 年之前三个调配部门的特点

	调配部门一	调配部门二	调配部门三
客户/服务对象	航运公司	和大型外国航运公司的长期合作	和小型航运公司的短期合作
派员方式	整船配员	整船配员	一半船员或者个人
代理费/利润	无	高	低或者平均水平
合作期限	终身制	长（可以长达 10 年）	短（有时一个航次）
船舶状态	正常	好	坏
船舶条件和船员管理	正常	优	劣

这三个部门对 Ag1 公司的利润贡献情况见表 6 - 3。调配部门一没有任何贡献，因为 Ag1 公司为航运公司进行人员调配不收取任何费用，Ag1 公司和航运公司之间不存在市场关系。同样，调配部门三的利润贡献也很少，因为在 2006 年之前，Ag1 公司与国内小型航运公司之间的合作不多。因此，调配部门二是 Ag1 公司利润的主要来源。例如，2006年调配部门二为 13 个大型外国航运公司的 24 只船舶外派了 606 名船员；另外，还派遣了 244 名船员到 12 只合资船舶上工作。总共有 850名船员被 36 只船舶雇用，调配部门二共赚取利润 2500 万元，比公司1995 年利润（1214 万元）的两倍还多。

表 6 - 3　2006 年 Ag1 公司三个调配部门各自赚取的利润

	调配部门一	调配部门二	调配部门三
利润（万元）	0	2500	很少，无记录

资料来源：Ag1 公司总经理 2006 年的年度工作报告。

（二）2006 年以后的劳务外派业务

2006 年年末，因为缺少船员，Ag1 公司按照航运公司的要求终止了与外国大型航运公司超过 75% 的合同。调配部门二配备船舶的数量从 2006 年的 24 只下降到 2007 年的 5 只，2008 年为 10 只（见图 3 - 3）。

由于放弃了对国外大型船舶的劳务外派业务，2008 年 Ag1 公司的利润相比 2006 年下降了 60%，比 1995 年的利润还低（见图 6-3）。2007
年，调配部门二与调配部门三被合并为外派部（见图 6-4）。

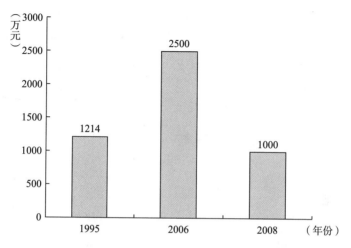

图 6-3　1995 年、2006 年和 2008 年 Ag1 公司劳务外派业务的利润
资料来源：Ag1 公司 2006～2008 年的年度工作报告。

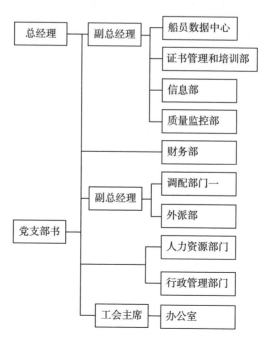

图 6-4　2006 年以后 Ag1 公司的组织结构
资料来源：Ag1 公司的人力资源部。

2006 年以后，Ag1 公司的作用是为在航运公司船舶上工作的船员提供培训和实习机会，由航运公司人力资源部门管理。笔者通过对 Ag1 公司发展过程的研究发现，经历了 14 年机构重组改革之后，Ag1 公司并没有成为一家独立的、以市场为导向的经济实体，而是回到了 1995 年机构重组改革之前的样子。Ag1 公司的改革以失败告终，其劳务外派业务不但没有增长，反而减少了。

第五节　小结

本章进一步讨论了 Ag1 公司船员到国内其他航运公司工作的原因。Ag1 公司船员到其他航运公司工作，造成了公司船员短缺，从而阻碍了船员劳务外派业务的发展。研究发现，船员对于经理对待他们的方式很不满意。其原因正如第三章所提到的那样，由于航运公司和总公司的支持，经理聘用管理改革有限。具体表现在以下四个方面：第一，经理的工资非常固定，主要受年龄的影响；第二，就像"大锅饭"时期一样，Ag1 公司没有关于经理的监督和评级体系，不能通过考核来评价经理的贡献和表现；第三，经理的聘用在很大程度上受到人际关系的影响，经理的晋升和奖励以领导的个人印象为基础；第四，公司没有为经理提供系统专业的培训。这些在一定程度上解释了船员到国内其他航运公司寻找工作机会的原因。

Ag1 公司的工会未能保护船员的利益或提高船员的工作积极性，也在一定程度上导致了很多在公司登记注册的船员到国内其他航运公司工作，从而限制了 Ag1 公司船员劳务输出业务的发展。研究表明，那些在公司从事管理工作的工会领导没有采取任何行动来保护工人的利益或帮助船员参与公司政策的制定。更糟糕的是，他们制定政策来帮助管理者控制船员。Ag1 公司工会有可能比其他公司的工会花费更多资金来改善船员的福利，组织娱乐活动。但是，大多数船员未能从这些福利中受益。

因此，正如本章和前两章提到的那样，由于对 Ag1 公司管理的不满，很多船员尽管在航运公司和 Ag1 公司登记注册，但实际上已临时在国内其他航运公司工作。另外，实习生管理制度所造成的问题，例如培训机会有限、晋升慢、工资低，使许多年轻船员从 Ag1 公司辞职。这些原因均导致了 Ag1 公司实际可用船员数量的不足。

为了保证为航运公司船舶提供高质量的船员，航运公司要求 Ag1 公司停止船员劳务外派业务，将外派的船员召回并让其为航运公司船舶服务。这导致船员雇佣关系发生了巨大变化——许多之前在 Ag1 公司登记注册的船员以及被 Ag1 公司派到外国船舶上工作的船员被分配到航运公司的船舶上工作。这样 Ag1 公司几乎没有船员可以外派，其与外国大型航运公司的合作减少了 75%。Ag1 公司不再致力于船员劳务外派业务的发展，而是负责为在航运公司船上工作的船员提供培训和实习机会。

正如之前所分析的，从 1993 年开始 Ag1 公司就开始进行改革，其船员劳务外派业务发展失败的根本原因是改革的局限性，即 Ag1 公司仍然接受航运公司的支持并受到限制，而未成为一个以市场为导向的独立经济体。Ag1 公司没有对其管理进行明显改革，因此未能留住船员为其工作。2006 年年末，当公司没有足够的船员时，按照航运公司的要求，Ag1 公司终止了其与国外大型航运公司的合作。这致使 Ag1 公司的船员劳务外派业务没有得到大规模发展。换言之，Ag1 公司作为附属公司依赖和受控于其母公司，是其船员劳务外派业务下降的重要原因。那么国有独立船员劳务外派公司又如何呢？第三部分将描述另一家国有船员劳务外派公司——截至 2010 年拥有 25 年历史的 Ag2 公司，对其经营以及劳务输出的情况进行分析。

第三部分

案例研究二：国有独立船员劳务外派公司（Ag2）

第三部分重点研究一家国有独立船员劳务外派公司（Ag2）。该公司不隶属于任何航运公司，也不受任何航运公司控制。本部分的研究目的是调查该公司21世纪前10年船员劳务外派业务的经营情况、公司经营总体情况及其对船员的影响。从这一案例分析中，我们可以看到：当时中国国有企业改革已经造成了比人们预期的更加复杂的局面，这也是中国船员输出增长受限的另一个原因。

　　第三部分包括两章。第七章介绍了Ag2公司的历史，研究了其在劳务合同和福利待遇方面的管理战略改革以及对船员造成的影响。从21世纪第一个10年中期开始，高级船员辞职现象严重，这阻碍了Ag2公司船员劳务外派业务的发展。第八章对船员境遇，以及Ag2公司工会在保护船员利益、改善雇佣条件及提高船员的工作热情方面的措施进行调查研究，进一步解释船员辞职的原因。

第七章 Ag2 公司历史简介及其船员 合同和福利待遇管理

本章首先介绍 Ag2 公司的背景。首先，介绍 Ag2 公司的历史以及截至 2010 年船员劳务的基本情况。其次，通过分别讨论公司有关劳动合同和福利待遇的管理战略，思考 Ag2 公司作为一家国有独立船员劳务外派公司是如何改革其管理战略来发展劳务外派业务的。最后，通过分析 Ag2 公司高级船员福利待遇差的原因，进而解释众多高级船员从 Ag2 公司辞职离开，从而阻碍劳务外派业务发展的原因。本章的讨论将有助于深入了解这一国有独立船员劳务外派公司的改革程度。

第一节 Ag2 公司历史简介

一 初期阶段：1985～1990 年

Ag2 公司于 1985 年秋由当地市政府建设成立。那时，船员调配是一项全新的业务，在中国只有少数几家船员劳务外派公司在经营这项业务，而且全部是国有公司。根据政府计划，Ag2 公司的经理队伍由当地五家单位的领导组成，当时的副市长任公司的第一届总经理。从建立之日起，Ag2 公司就开始为外国客户提供专业的人员派遣服务，独立经营。

作为一家新成立的船员劳务外派公司，Ag2 公司在初期遇到了一些困难：当时 Ag2 公司没有船员。为了发展业务，公司不得不从其他国有航运公司租借训练有素的船员。但由于外国船东对中国船员不了解，Ag2 公司外派的船员都被分去做一些低级的工作。例如，许多高级船员做着普通船员的工作，一些船长被分去做二管轮的工作。另外，由于当时中国船员还未赢得良好的声誉，所以外国船东不接受整条船都是中国船员。因此，在 20 世纪 80 年代，Ag2 公司在同一条船上只派遣少量中国船员与其他国家的船员，例如英国、荷兰、澳大利亚、新西兰、菲律宾和印度尼西亚的船员一起工作。在这一过程中，这些船员学习了西方的管理方式和文化，提高了自身的英语水平和专业操作技能。目前，这些船员中的一些人已经成为 Ag2 公司资深高级船员或者公司骨干，而另一些人则成为高级管理人员。

公司尽管在成立初期外派船员数量不多，但是劳务外派利润很高。总经理回忆，在 20 世纪 80 年代，公司可以得到外国公司支付给船员工资的 80%。一位在公司成立时就在这工作的老轮机长说：

> 在 20 世纪 80 年代，像 1985 年、1986 年，在岸上工作每个月能赚三四十元，但是在外国船舶上工作，我们能赚几百元。我记得 1985 年，我第一次领到的工资是 220 元。在随后的几年里，我先是赚 145 美元，后来是赚 400 美元。因此，在当时，航海是非常好的工作。但是，我们的高工资仅是外国船东所提供工资的很小一部分。例如我的工作，每个月外国船东付给轮机长的工资超过 2000 美元，但是开始我只能得到 1%，后来也不超过 20%，剩下所有的钱都进了公司的腰包。

尽管遇到很多困难，但 Ag2 公司在开始时期也是赢利的。

二　成长阶段：1991～2001 年

按照当地政府要求，1991 年 Ag2 公司与一家国有企业合并，并成为该国有企业的一家分公司。Ag2 公司尽管仍然独立经营，但是其管理要受总公司和当地政府的监督。公司的一些重大问题由总公司决定，例如总经理的任命、利润的分配以及经理们年终奖金的分配等。

在这一阶段，Ag2 公司的业务快速发展，成为 20 世纪 90 年代末期中国最好的船员劳务外派公司之一。这主要与以下公司管理战略有关。

第一，Ag2 公司重点提高船员的数量和质量。从 1992 年开始，Ag2 公司开始招聘毕业生，建立自己的船员储备。公司每年招聘 70～100 名海事院校的毕业生，并为这些船员提供良好的培训。来自总公司的 5 只远洋船舶被用作船员的培训和实习基地。另外，公司设计了培训体系，给船员提供全面的实习培训，以便提高船员的英语水平、航海技能和专业知识水平。这些培训均在 Ag2 公司的培训中心进行。那里拥有现代化的教室和先进的培训设施。注册船员可以免费参加一系列的讲座。

第二，Ag2 公司采用相对先进的方法对船员的聘用进行管理。1992年，在经济改革并未深化、大多数中国工人仍然拥有"铁饭碗"的时候，Ag2 公司已经与员工建立了相对以市场为导向的雇佣关系：企业与船员签订了固定期限合同，建立了针对船员绩效的评价体系，解雇了那些表现不好的船员。Ag2 公司的人力资源经理说："从一开始，我们公司就没有'铁饭碗'。如果船员工作表现不好，他就会被解雇。"

随着与外国船东合作的发展以及公司声誉的不断提高，从 1993 年起，Ag2 公司开始为国外船东的整条船派遣船员。同时，Ag2 公司开始扩展其业务，为更多类型的船舶提供服务，与更多国家的客户进行合作。截至 2001 年，公司为来自 10 多个国家的 200 多只船舶提供了上千名高级船员和普通船员，其服务的船舶包括杂货船、干散货船、滚装船、集装箱船、木屑船、游艇以及油轮等。

三　停滞阶段：2002～2008 年

从 2002 年开始，Ag2 公司的业务发展进入了瓶颈阶段，公司向国际船员劳务市场的船员输出增长十分有限。笔者从总经理那里了解到，这与高级船员离职造成的高级船员短缺密切相关（见图 7-1）。

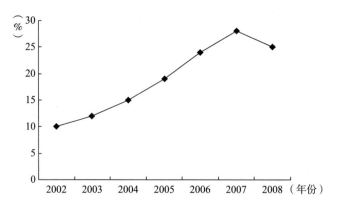

图 7 – 1　2002 ~ 2008 年 Ag2 公司高级船员的离职率

资料来源：Ag2 公司的人力资源部。

为了解释 2002 ~ 2008 年 Ag2 公司船员输出业务增长有限的原因，本书试图通过研究公司管理战略对船员造成的影响，来讨论高级船员离职的原因。在这之前，将首先讨论 Ag2 公司有关船员劳动合同和福利待遇方面的管理，以及企业的管理战略改革情况。

第二节　不同合同类型下的四类船员

Ag2 公司从 1992 年开始实行劳动合同管理体制。劳动合同管理体制按照合同类型的不同，将船员分为四类（见表 7 – 1）。

表 7 – 1　Ag2 公司四类船员和雇佣特点

合同类型		船员类型	船员户口类型	是否缴纳社会保险	能否自由选择雇主	2008 年船员数量
长期合同	劳动合同（15年，其次是5~8年的固定期限）	注册的高级船员和普通船员	城镇	是	否	373 名（282 名高级船员，91 名普通船员）
	农民工高级船员合同（15年，其次是5~8的固定期限）	农民工高级船员	农村	否	否	327 名

续表

合同类型		船员类型	船员户口类型	是否缴纳社会保险	能否自由选择雇主	2008 年船员数量
临时合同	航次合同	自由高级船员和普通船员	城镇/农村	否	能	979 名（大多数是普通船员）
		从其他机构临时雇来的高级船员	城镇/农村	否	否	
无合同		农民工普通船员	农村	否	否	大约 100 ~ 200 名 *

* 公司拒绝提供数据，数据由受访船员提供。

一　第一类船员：注册船员

第一类船员为拥有城镇户口的注册高级船员和注册普通船员。公司按照中华人民共和国人力资源与社会保障部要求，与其签订劳动合同。

在注册船员中，注册高级船员占大部分（2008 年占 87%）。他们中一些人是在 20 世纪 80 年代通过政府招聘计划被分配到 Ag2 公司工作的；另外一些人由于各种原因，例如公司倒闭等，离开先前工作的航运公司，来到 Ag2 公司工作；还有一些毕业生从海事院校毕业后直接被招聘进公司。注册普通船员占小部分（2008 年占 13%）。这些普通船员中大部分人超过 45 岁，是 20 世纪 80 年代被招聘进公司的。他们的背景各不相同，比如，他们曾是士兵、失业工人或渔民。从 1990 年开始，由于劳务市场上普通船员的大量剩余，公司每年会减少注册普通船员的招聘数量。2000 年以后，公司不再招聘签订定期合同的普通船员。

所有注册船员都是城镇户口。Ag2 公司为他们建立社会保险账户，定期给他们缴纳部分社会保险。另外，注册船员还有其他福利待遇，例如家庭取暖费补贴、生育或产假工资、国家假日礼品和补贴、考试费用补贴、培训和工会成员待遇。

Ag2 公司规定，所有注册船员在没有接到派遣命令的情况下禁止出海航行。公司还与注册船员签订长期合同，以留住这些船员。在首次聘用的时候，Ag2 公司与注册船员签订 15 年的合同。根据 2008 年最新实施的《劳动合同法》，这些船员可以与公司建立终身制的劳动关系。但是，在首次 15 年的合同到期后，Ag2 公司仍然会与船员签订 5 ~ 8 年的固定期限合同，而不是终身制合同，否则 Ag2 公司拒绝给他们发证书。这样，船员只是基于固定期限的合同长期为 Ag2 公司工作。

二　第二类船员：农民工高级船员

第二类船员为农民工高级船员，他们与公司签订农民工高级船员劳务合同。农民工高级船员在他们高中毕业后被招聘进公司，然后由 Ag2 公司为他们支付学费，这样他们就能够在海事院校学习，得到高级船员证书（这种招聘在中国称作"委培"）。

当农民工船员被招聘进公司的时候，公司通过让他们签订 15 年的农民工高级船员劳务合同来对他们进行控制。这种合同要求，船员毕业成为高级船员后，必须为 Ag2 公司工作至少 15 年，并归还公司所有培训费用。这种 15 年合同与提供给注册高级船员的 15 年合同不同，因为农民工高级船员的劳务合同是由 Ag2 公司自行制定的，不受政府的监督。在这种情况下，农民工高级船员就没有在当地劳动局注册，他们的雇佣关系不被任何政府部门所知，也不受保护。

因为这些农民工高级船员没有城镇户口，所以 Ag2 公司就不必为他们建立社会保险账户，或给他们提供任何注册船员所享有的福利待遇。但为了进一步控制农民工高级船员，Ag2 公司保证，当他们成为资深高级船员的时候（得到大副或大管轮资格证书），公司会帮助他们转成城镇户口，农民工高级船员可以成为注册高级船员，与公司签订正式合同，享有社会保险和其他福利。但是，转户口并不容易，从 Ag2 公司成立之日起，公司仅为船员转过两次户口，分别是在 2004 年和 2008 年，也仅有 50 名农民工船员的户口被转成城镇户口。大量的农民工高级船员仍然无法与公司签订正式合同，从而无法享受公司提供给注册船员的任何其他福利待遇。尽管这样，很多农民工船员还是一心一意地为

Ag2 公司工作，等待机会（将在第九章中详细讨论）。因为在城市里，其他劳务外派公司更不可能帮助他们转户口。拥有城镇户口对于农民工船员及其家人来说非常重要。没有城镇户口，农民工船员和他们的家人会遇到很多困难。一位 1994 年被招聘进入 Ag2 公司工作的农民工大副谈论了他的经历。

像其他农民工船员一样，他没有城市户口。从 1993 年到 2008 年，Ag2 公司没有为他提供正式合同、社会保险或其他非工资福利待遇。尽管在 2004 年，他得到了大副的资格证书，但是在 2008 年，也是他被访问的时候，他的户口仍未被转成城镇户口。这不仅减少了他的物质收入，还给他的家庭带来了一些问题。例如，如果他的女儿想要在城市里上小学，那么他就要支付比拥有城镇户口的学生高十倍多的学费；除了高学费外，她还不能作为注册学生被学校录取（在中国，这被称为"借读生"）。她在以后读初中和高中的时候，也会遇到相同的问题。另外，没有城镇户口，他的妻子就不能在城市工作，因为不能将工作从农村调到城市。还有，家庭成员也无法使用政府社会保险工程所提供的医疗服务，养老金也成为他们将来的问题。

三　第三类船员：临时船员

Ag2 公司的第三类船员为临时船员，包括自由普通船员、自由高级船员和一些从其他大型国有船员劳务外派公司借调过来的高级船员。船员的合同为航次合同，由劳务外派公司以船东的名义起草。

Ag2 公司没有为这类船员提供雇佣合同或非工资福利。但是，因为市场上缺少高级船员，为了与国内劳务市场上的工资水平一致，Ag2 公司为这些临时雇用的高级船员提供的工资比 Ag2 公司内部职工（注册船员和农民工船员）的工资要高几百美元。另外，船员的级别越高，工资差距就越大。例如，自由船长和借调船长每个月可以比 Ag2 公司内部船长多得 300 ~ 400 美元。相比之下，由于劳务市场上普通船员的大量剩余，临时普通船的工资要比注册普通船员的工资低。

四　第四类船员：农民工普通船员

Ag2 公司的第四类船员为农民工普通船员，这些船员面临很多问题。因为农民工的身份，农民工普通船员和农民工高级船员一样，没有社会保险及非工资福利待遇。比农民工高级船员更加糟糕的是，公司没有为农民工普通船员提供任何形式的合同或保证他们将在某些条件下成为注册船员。比临时船员更加糟糕的是，农民工普通船员没有自由选择雇主的权利。这样一来，农民工普通船员为劳务外派公司工作，其工作期限不确定，不享有非工资福利待遇，未签订合同。除此之外，农民工普通船员的工资比临时雇用的普通船员以及注册普通船员的工资都要低。

在访谈过程中，一位农民工普通船员跟笔者讲述了他的经历。他 38 岁，在农村出生。1995 年高中毕业后，他通过哥哥帮忙被 Ag2 公司录用（他的哥哥是人力资源经理的一个朋友）。经过 6 个月的学习后，他得到了所有必需的航海证书，这是 Ag2 公司招聘的必需过程。1997 年，他第一次被派到船上工作，但是调配经理只是口头上通知他成为劳务外派公司的农民工船员。因为是口头通知，公司没有给他任何雇佣合同。他在公司工作了 11 年，但是公司没有为他建立社会保险账户或为他提供除了航行工资以外的任何非工资福利待遇。他只知道在 1997 年他成为 Ag2 公司的一名农民工普通船员，不能自由选择其他雇主，他不知道他需要为公司工作多少年。但是他知道，如果公司不再需要他，那么他就会被立即解雇。

为了发展船员劳务外派业务，Ag2 公司作为一家国有独立船员劳务外派公司，实行了劳动合同管理体制来增加管理的灵活性，降低成本。Ag2 公司的船员按照其合同类型可分为四类。不同于计划经济时期，船员的待遇不再相同，与其他种类的船员相比，农民工普通船员的待遇最差。

另外，Ag2 公司对船员的福利待遇管理也进行了改革。这一改革使公司加强了对船员的管理和控制。下一节将对此进行讨论。

第三节 船员海上工资的管理

　　船员的福利待遇包括他们的海上工资和福利。正如上一节中所提到的那样，Ag2 公司只为注册船员提供工资外的福利待遇。工资外的福利待遇包括社会保险和其他非工资待遇，例如岸上休假工资、办理和更新船员证书、家庭取暖补贴、医疗费用报销、船员子女的入托费、船员在国内的差旅费、培训和访问费、体检费以及 50% 的工装费用等。

　　本节重点讨论船员的海上工资，包括讨论海上工资的结构，来解释管理者是如何将船员的工资和其表现挂钩从而加强对船员的控制的。

　　1985 年 Ag2 公司成立的时候就制定了船员的海上工资结构。该结构目前仍没有多少变化。海上工资包括基本工资和加班工资，基本工资占绝大部分，高级船员的基本工资占海上工资的 95%，普通船员的基本工资占海上工资的 90%。

　　Ag2 公司规定，公司从船东支付的工资中抽取一部分后，剩余的部分作为船员的基本工资。相同级别船员的基本工资相同，临时雇用的船员除外，他们的工资要比注册船员和农民工高级船员的工资高几百美元。不同于基本工资，影响加班工资的因素有很多，包括船员在船上的实际工作量、运输的货物、船舶类型以及航运公司的管理等。例如，运木船上的加班工资要高于在散货船上的加班工资，因为在运木船上有捆扎木头的费用。另外，加班工资还在很大程度上受到船员劳务外派公司和船东约定的影响。一些船员在访谈时抱怨，尽管做的工作相同，但是他们的工资比其他劳务外派公司派遣的船员工资低。

　　Ag2 公司并不是将所有海上工资都支付给船员。就工资的支付方式而言，海上工资分为两部分（见图 7 - 2）。一部分称为"船上工资"。当船员在船上工作的时候可以得到这部分工资。另一部分称为"行为保证金"。行为保证金在海上工资中的比例随着级别的提高而增加。因

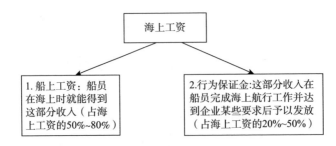

图 7－2　船员海上工资的结构

资料来源：Ag2 公司的人力资源部。

为与那些低级别的船员相比，高级船员技术更好，在劳务市场上的机会也更多，需要花费更多的时间来培养。

例如，普通船员的行为保证金占比为海上工资的 20% 左右。但是对于船长来说，其行为保证金占比可能高达 50%。当船员在海上工作的时候，行为保证金由船员劳务外派公司保留，在他们航行结束后，满足下列两个条件时才会归还给船员。

第一个条件是船员必须顺利完成航行任务，没有被船东解雇。因为 Ag2 公司负责为船员准备机票，如果船员在海上被解雇，那么船东不会偿还劳务外派公司那名船员的差旅费，这样差旅费就需要 Ag2 公司自己来支付。为了保证公司利益并控制船员，如果船员在海上被解雇，那么行为保证金将被船员劳务外派公司扣留来弥补其差旅费。因此，船员必须在船上努力工作。

第二个条件是船员在海上工作结束后，必须立刻将所有证书文件上交给劳务外派公司。其目的是防止船员为其他船员劳务外派公司工作，加强船员对劳务外派公司的依赖（第十章将详细阐释这一管理对船员造成的影响）。

因此，为了发展船员劳务外派业务，Ag2 公司对福利待遇管理进行了改革，成功地将船员的表现与其工资联系在一起，从而加强了对船员的管理。随着中国航运业改革的不断深化，2000 年后中国船员劳务市场发生了巨大变化。下一节将描述这一变化及其对不同级别和背景的船员所造成的影响。

第四节　2000～2008 年船员福利待遇的改善

2000～2008 年，由于船员劳务市场上船员的短缺，船员的工资开始持续增长。

从 21 世纪前 10 年，特别是从 2005 年开始，国内航运市场繁荣发展，出现了上千家非国有航运公司。这些公司很多只有一两只船，专门做"单船船东"业务（Zhao，2002）。由于经营规模小，他们不招聘固定船员，而是依靠市场上的自由船员。但是，很多小型航运公司很难招聘到高级船员，一是因为他们的船只条件很差，二是因为当时的劳务市场上缺少高级船员。为了解决这一问题，小型非国有航运公司不断提高工资来吸引高级船员到他们的船上工作。当被问到小型航运公司的船东是如何做到增加国内船员劳务市场上高级船员工资的时候，Ag2 公司的调配经理说：

> 近几年，随着航运市场好转而出现的小型船东带动了高级船员工资的增长。为了节省费用，他们中很多人购买条件差的老旧船舶，导致他们很难找到船员为他们工作。所以，小型船东就大幅增加工资，以便吸引船员为他们工作。

除了小型船东外，中大型航运公司也从 2000 年开始扩大它们的业务规模，从而增加了对船员的劳务需求。于是，这些公司也增加了船员的工资。据报道，2005～2008 年，国内船员劳务市场上船员的工资增长了近两倍（韩杰祥，2008；马雷、许文义，2008）。Ag2 公司的总经理说："国内船员劳务市场上高级船员的工资每个月甚至每周都在增长。在过去的 4 个月里（2008 年 1～4 月），船长的工资增长了 3000 美元。这增速太快了。"

为了与市场变化保持一致，从 2002 年开始，Ag2 公司的注册高级船员和农民工高级船员的工资每年的平均增长率超过 20%。船员级别越高，增速越快。例如，2003 年，Ag2 公司一名注册三副的工资为 800 美元，但是到 2008 年，这一数据增长到 1700 美元；2003 年，Ag2 公司船长的工资为 1800 美元，到 2008 年猛增到 4300 美元，增加了将近 1.4 倍。

除了增加海上工资外，提供给注册高级船员的一些非工资福利待遇也增加了。例如，从 2008 年开始，上岸休假工资从每个月的 280 元增加到 350 元，住房公积金也增加了 50 元左右。

高级船员福利待遇增加的代价之一就是牺牲了普通船员和实习生的利益。

使用有限的资金来最大限度地增加高级船员的福利待遇，造成了普通船员的工资增长十分有限。Ag2 公司的业务经理说：

> 有时候，我们赔钱派遣高级船员。船员级别越高，我们损失就越多。例如，有时船东答应给船长的工资为 3500 美元，但是船长要求 3600 美元。当自由船员要求的工资和市场价格保持一致的时候就更遭了，其工资比我们提供给注册船员的工资高 300～400 美元。因此，我们削减普通船员的工资来弥补这一缺口。因为劳务市场上有大量的剩余普通船员，所以我们可以大幅降低他们的工资。

于是从 2000 年开始，不同级别注册普通船员的工资仅增长了 20～60 美元。自由普通船员和农民工普通船员的工资几乎没有变化。普通船员对此表示非常不满。一位水手说：

> 你要知道，这样不公平。当普通船员在船上工作每个月赚 500 美元的时候，他们（高级船员）至少赚 1500 美元。当 2007 年 11 月我们的工资增长了 50 美元的时候，三副的工资至少已经增长了 500 美元，而其他高级船员增长得更多，其工资增幅比我们 1 个月

的工资还多。

为了有更多的资金来增加高级船员的工资，普通船员的非工资福利也降低了。一名船员说：

> 现在比以前更难报销。例如，从前如果我们要到北京办理签证，公司会给我们报销火车票并给我们每天 10 元的补助。尽管不多，至少我们不用自己承担所有费用。但是现在，如果要去北京办理签证，我们没有任何报销。另外，体检也是这样，我们不得不自己承担所有费用。

除了降低普通船员的福利待遇外，为了进一步减少普通船员的成本，Ag2 公司用实习生来代替普通船员，做普通船员的工作，却不支付给他们工资。一位培训经理说：

> 普通船员的工作被削减，由实习生来代替，这些实习生没有工资。我们每个月只给他们 50 美元的补助，就相当于没有工资。但是实习生别无选择。如果他们不接受安排，就无法得到作为高级船员的资格证书。

因此，Ag2 公司从 2002 年开始，尤其在 2006 ~ 2008 年，做了大量的努力来增加高级船员的工资，使其与市场变化保持一致。但在这一过程中，普通船员和实习生的福利待遇受损严重。

第五节　福利待遇低和船员的评价

一　航行工资低

正如第四节提到的那样，Ag2 公司做出了巨大的努力来增加高级船员的工资，使其工资与市场变化保持一致。但是 Ag2 公司高级船员的工资仍然低于国际和国内船员劳务市场上高级船员的平均工资。

与国际船员劳务市场上的工资相比，Ag2 公司的调配经理认为，Ag2 公司的高级船员工资仍然非常低（Zhao，2000b；印绍周、李冰、尹庆，2008；Zhao and Amante，2003）。他举例说，当欧洲和美国的船长每个月赚 8000～10000 美元的时候，Ag2 公司的中国船长在相同船型的船舶、相同的航线上航行，其工资还不到 5000 美元。而在 Ag2 公司工作的其他级别的高级船员的工资与外国高级船员的工资之间的差距就更大。笔者从调配经理那里了解到，在许多情况下，Ag2 公司高级船员的工资仅为外国高级船员工资的 1/3 或 1/4。

其原因之一可能是，不同于许多外国工会，中华全国总工会从未与国际组织例如 ITF 签署任何集体合同。这就意味着当中国船员在国际船员劳务市场上工作的时候，不会得到国际组织或联盟的保护。于是他们无法得到合理的工资。

Ag2 公司船员的工资也比中国船员劳务市场上的工资低。这一差距从表 7 - 2 中可以看出（船员在相同航线、同样类型和规模的船舶上工作）。当谈论到 Ag2 公司的高级船员工资时，调配经理说："我们公司的高级船员工资不高，与国内市场的平均工资持平，或低于国内市场的平均工资。"

表 7 - 2　Ag2 公司和国内船员劳务市场上各个级别的船员工资情况对比

单位：美元/月

	Ag2 公司		市场	二者差额
	2007 年 1 月	2008 年 5 月	2008 年 5 月	2008 年 5 月
船长	3300	4300	4900	600
轮机长	3200	4200	4800	600
大副/大管轮	2150	3100	3600	500
二副/二管轮	1800	2500	2900	400
三副/三管轮	1300	1800	2300	500
普通船员	540	600	800	200

资料来源：Ag2 公司的人力资源部和人事部经理的采访。

二 工资外的福利待遇低

除了工资低以外，Ag2 公司提供给注册船员工资外的福利待遇也相对较低。例如，根据 2007 年船员管理章程第 29 条的规定，船员的上岸休假工资要高于社会平均工资。2008 年社会平均工资为 700 元/月，而 Ag2 公司提供给注册船员的上岸休假工资仅为 350 元/月。

另外，Ag2 公司为船员缴纳的社会保险要比规定的低。根据规定，船员每个月的社会保险等于前一年每个月的平均工资乘以相应比例。如果平均工资高于政府设定的最高标准，那么就用最高标准来计算保险。资深高级船员的工资通常高于这一标准，而 Ag2 公司却按照当地最低社会平均工资来缴纳社会保险，其缴纳标准仅为最高标准的 10%。这样船员得到的社会保险就很低。

农民工普通船员和农民工高级船员的情况比注册船员更加糟糕，农民工船员没有任何形式的非工资福利待遇。

三 船员对福利待遇的评价

船员对他们的福利待遇非常不满意。一位注册二管轮说：

> 我的工资是 500 美元，比国内船员劳务市场的工资低。公司为我缴纳的社会保险也很少。我从没查过保险卡，也没指望那么少的钱能给我帮上什么忙。

一位农民工普通船员说：

> 我对工资不满意。工资应该更高一些。作为普通船员，我的工资目前是 600 美元，比在国内其他航运公司工作的普通船员 1200 美元的工资少一半。尽管 2007 年 11 月涨工资了，但是增长得很少，仅为 60 美元。当我发现在其他公司和我做着同样工作的普通

船员的工资是我的工资两倍的时候，我很心烦。

一些注册高级船员对他们的非工资福利待遇特别是社会保险表现出不满。一位船长说：

> 我们船长退休后每个月就能拿到 800 元。但是在中远集团，一个普通船员退休后每个月都能拿到 3000 元。（我们）公司支付的社会保险费用太少了。

一位大副说：

> 我从没想过用住房公积金来买房子，因为我工作十年才能攒到 6000 元。这点儿钱只够在城市里买一平方米便宜的房子。

因此，船员对他们的福利待遇很不满意。这也可能是从 2002 年开始高级船员流失率快速增长的原因之一。这一原因又导致了 Ag2 公司船员劳务的短缺以及船员劳务外派业务增长受限（第八章将详细介绍）。

那么 Ag2 公司为什么不能为高级船员提供具有竞争力的工资和福利待遇呢？下一节将详细阐述其原因。

第六节　高级船员福利待遇低的原因

高级船员福利待遇低的最主要原因是 Ag2 公司从高级船员工资中扣除一笔钱用来增加利润。

从船员的工资中扣除一部分来实现高利润一直是 Ag2 公司的一项传统。这一做法使船员劳务外派业务有利可图。随着 2000 年以来国内船员工资的增长，Ag2 公司已经减少了扣除的金额以便适应市场价格。总经理说：

在 20 世纪 80 年代，当与外国船东协商船员的工资时，至少
80% 的船员工资可以被公司扣留用作企业利润。在 20 世纪 90 年
代，其比例降到 50%。在 21 世纪的前 5 年，比例又下降了，降到
30%。2008 年只有 15% 的船员工资被公司扣留，剩下的 85% 全部
当作工资发放给船员。近几年公司的利润一直在降低。

尽管做出了让步，但是目前市场的行情是高级船员短缺，其工资增
长迅速，Ag2 公司从船员工资中扣除一部分留作企业利润的传统做法无
法为船员提供具有竞争力的工资。Ag2 公司的调配经理说：

国内市场上的一些小型私有船员劳务外派公司与我们不同。在
劳务短缺的时候，它们发放给船员船东支付的所有工资。它们尽力
满足船员的需求。只要公司最终赢利，它们就能承受低利润。它们
更加灵活，更加以市场为导向。

那么 Ag2 公司为什么不能像这些小型劳务外派公司一样，而是必
须要从船员工资中扣除一部分来追求高利润呢？原因是：总公司规定
Ag2 公司每年必须上缴利润。正如前面章节所解释的那样，总公司负
责 Ag2 公司的主要问题，包括利润的分配。总公司规定 Ag2 公司必须
自行负担成本，包括船员的工资和经理的工资（由总公司设定）。另
外，Ag2 公司必须上交几乎所有净利润，其净利润必须达到总公司每
年规定的数额。为了完成任务，Ag2 公司不得不从船员工资中扣除一
部分。

船员很不满意 Ag2 公司克扣他们的工资。一位三管轮说：

经理只考虑能向集团上交多少利润，只考虑他自己的职业发
展。他从我们的工资中扣除了很大一笔钱。如果能从我们的工资中

少扣点，我们的生活就会大大改善。不管公司的利润有多高，我们船员的生活都不会有丁点改善。

一位二副说：

公司不满意船东支付的代理服务费用，就从我们的工资中扣除很多钱。结果许多船员都非常生气，最终离开了公司。我想公司需要对管理进行改革，像其他一些私有船员劳务外派公司那样，将船东支付的所有工资都发放给船员。公司不能太贪婪。

当谈论船员的工资扣除部分时，经理们似乎很无奈。他们也有怨言。Ag2 公司的总经理说：

每年公司净利润的 80% ~ 90% 都上交给了总公司。如果我们不用上交利润或有更多的利润剩余，那么给船员涨工资或降低高级船员的流失率就不是问题了。

Ag2 公司的调配经理说：

我们知道工资低是许多船员离开公司的原因之一。我们也想给船员涨工资。但是，总公司不允许我们这么做。如果我们给船员的钱多了，公司的利润就会下降。这样，我们怎么能达到规定的标准？事实上，总公司的经理们根本不考虑劳务市场的情况，或相应地调整要求。10 年前，当劳务市场上没有出现劳务短缺的时候，高级船的工资不是那么高，我们可以平衡船员的工资和要求的利润，来吸引高质量的船员为我们工作，保持业务的增长。但是现在，船员成本很高，而总公司的要求也很高。所以我们的压力也很大。如果我们不用上缴利润，而是完全独立，那么毫无疑问，所有的船员和经理们的工资和福利都会大幅提高。但是总公司不允许我们独立，因为那样总公司就损失了我们上交的利润。所以我们现在也处于两难的位置。

由于总公司对Ag2公司利润的控制，Ag2公司无法将其利润用于公司的经营，以及按照市场价格给船员支付工资。从2002年开始，低工资导致了Ag2公司高级船员的大量流失，从而造成劳务供应短缺，最终限制了船员劳务外派业务的发展。

第七节　小结

本章介绍了Ag2公司的背景。首先，描述了公司的发展历史：20世纪80年代公司船员劳务外派业务缓慢增长；20世纪90年代和21世纪初船员劳务外派业务快速增长；从2002年开始尤其在2006～2008年，高级船员的大量辞职导致公司船员劳务外派业务增长甚微。其次，介绍了有关劳务合同和福利待遇方面的管理战略改革及其对船员造成的影响。

Ag2公司作为一家独立的国有船员劳务外派公司，对其船员输出管理进行了改革，使其以市场为导向。为了减少劳务成本，增强管理的灵活性，Ag2公司实施了劳务合同改革。船员按照不同合同类型被分为四类，不同类型的船员福利待遇方面也各不相同，结果造成船员尤其是农民工船员处于弱势地位。

Ag2公司的福利待遇管理成功地将船员的工资与其表现联系在一起。随着行为保证金制度的实施，船员不得不在船上努力工作，并在上岸时将他们所有的证件上交公司，否则他们就会损失部分工资。这种管理方式加强了企业对船员的控制。

另外，福利待遇管理以市场为导向，灵活多变。随着2002年以来劳务市场上高级船员工资的快速增长，Ag2公司相应地调整了管理方法以提高高级船员的福利待遇，使其与劳务市场变化保持一致。这一过程极大地损害了普通船员和实习生船员的利益。

上述分析显示，Ag2 公司作为一家独立的国有船员劳务外派公司，对其管理战略进行了改革，以市场为导向发展船员劳务外派业务。从表面上看，这一独立公司与西方自由企业没有差别。但是，得出这一结论为时尚早。Ag2 公司尽管努力提高高级船员的工资使其与市场变化保持一致，但是提供的高级船员工资仍然低于国际和国内市场的平均工资水平。这导致多名高级船员辞职。在第五节中，笔者分析得出，Ag2 公司船员工资低与总公司的干预有关。这意味着，Ag2 公司无法独立管理其利润，而且必须将其净利润的 80% ~ 90% 上交给总公司。因此，经讨论得出，就该国有独立船员劳务外派公司对利润的管理而言，并非真正独立。Ag2 公司的经营仍然受到总公司的干预和限制。

笔者从 Ag2 公司经理那里了解到，总公司的干预造成 Ag2 公司无法支付给船员具有市场竞争力的工资，造成大量高级船员离职。船员劳务的短缺进而限制了 Ag2 公司船员劳务外派业务的发展。第八章将针对 Ag2 公司应对船员离职行为的管理战略，以及对船员和船员劳务外派业务所造成的影响进行探讨，试图从其他角度进一步解释 Ag2 公司有那么多船员离职，从而导致船员劳务短缺，限制船员劳务外派业务发展的原因。

第八章　人才保留战略、工会的职责和劳务外派业务

本章继续探讨 2010 年前为什么众多高级船员从 Ag2 公司辞职，从而阻碍了船员劳务外派业务的发展。本章特别介绍 Ag2 公司试图解决管理层与船员之间的矛盾，从而降低离职率所采取的一些措施。通过介绍这些方法以及经理对待船员的方式，来揭示船员对管理的不满从而分析船员离职的原因。另外，本章还揭示了 Ag2 公司工会未能成功保护船员的利益，使船员无法得到帮助，也未能提高他们的聘用条件或工作积极性。这也是船员大量辞职的重要原因。

本章首先讨论了两项管理战略——"双服务"战略和"传统思想动员"战略。这两项战略是为了降低高级船员的离职率而设计的。其次研究了 Ag2 公司工会的职责。最后，研究 2002～2010 年船员劳务短缺对船员劳务外派业务造成的影响。

第一节　"双服务"战略、经理与船员的关系

为了减少船员的流失，Ag2 公司在 2003 年实施了一项战略，称为"双服务"战略——服务船东，服务船员。Ag2 公司总经理学习了这一西方人力资源管理战略。这一战略鼓励经理改变观念，要从管理船员转变为服务船员，要平等对待船员，加强与船员之间的沟通与交流，让船员参与管理。该战略强调管理的人性化和个性化，力求稳定船员队伍，

使公司成为一个团结有力的集体。

经理们普遍认为经常与船员进行交流，并且帮助船员解决问题，可以使船员和经理之间建立良好的关系。然而，许多船员认为这一战略就是形象工程，他们没有感觉到这一战略改善了船员和经理之间的关系。一些船员甚至说从未听说过这一战略，他们认为经理与船员之间的关系仍不和谐。下面将详细阐述船员的看法。

一　船员与经理之间的问题

"双服务"战略强调人性化管理，鼓励经理关心船员，为船员提供友好的管理。然而，船员对经理们的态度和行为很不满意。他们反映了遇到的如下问题。

普通船员和农民工船员感觉经理们对他们不尊重，抱怨经理态度恶劣、傲慢自大：

> 经理们按照船员的不同级别区别对待船员。如果你是农民工船员，那么他们会认真对待你吗？肯定不会。如果你级别低，那么就不是他们对你态度好坏的问题，而是他们是否把你当成人、对你是否尊重的问题。当你去公司的时候，他们会朝你大喊："滚！滚！回家去！别挡着我的路。在家等着！"……当经理们遇到重要人物的时候，他们就会非常有礼貌；但是看见我们这些普通船员时，他们大多数人会变得非常傲慢甚至残酷。因此，如果你是一名普通船员，你就会觉得比他们低一等。

不同于那些级别低、在劳务市场上大量剩余的普通船员，高级船员感觉经理们对他们还是比较尊重的。但是，他们对经理们的态度仍然不满。一些高级船员，特别是年纪大的高级船员对于他们在公司较低的地位感到不满。一位 63 岁的轮机长评论道：

经理们对我的态度还行。但是，我觉得高级船员对于公司来说不像以前那么重要。1981 年，当公司成立的时候，公司对我们非常依赖，对我们也非常好，因为那时候注册高级船员的数量很少。

在那时，当高级船员上船或结束航行回来的时候，公司经理们会去机场送我们或欢迎我们回来。另外，当我们生病的时候，经理们会去医院看望、照顾我们。有时他们还帮助我们更换家里的液化气罐。他们这么做是因为他们要靠我们赚钱。

但是，现在不同。现在公司有大概 700 名注册船员。公司的船员越多，公司赚的钱越多，经理们对我们就越不重视。现在当我去公司的时候，没有人会主动跟我说话。他们看起来都很忙。1995 年左右的时候，我记得一位轮机长跟我抱怨说，当他生病住院的时候，公司里没有人去看望他，他很生气。但是现在这种情况很普遍。要是船员生病了，经理去看望那才奇怪。

还有一些高级船员对经理表示不满，认为经理们只是在口头上为船员服务。例如，尽管公司保证当农民工船员成为高级船员的时候，公司会为其转户口，但是许多农民工资深船员要熬很多年才能成为高级船员。另外，许多应该支付给船员的津贴都没有及时支付。一位二管轮讲述了他未得到住房津贴的经历：

虽然经理保证会把钱给我，但是他们让我等，并且没明确要等多久。所以，我也不知道我还要等多久才能拿到钱。

"双服务"战略还强调加强经理和船员之间的沟通，以及鼓励船员参与公司管理。但是，船员说实际上不是这样。

高级船员和普通船员都说他们很少去公司，船员和经理之间的沟通很少。一些船员认为对于公司来说他们的意见并不重要，而且公司在管理上确实很少关注他们的意见。下面的例子表达了他们相同的怨言。一位普通船员说：

　　除非必要，否则我从不去公司。我很少和经理沟通或提出任何建议，因为他们根本就不关心我们，也不会为我们做出任何改变。一切都由经理们决定，以此来保障他们的高利润。

一位大管轮说：

　　尽管我是注册船员，但是我想，对于公司来说我也是个局外人，他们不会听取我的建议。即使我告诉他们我的想法，也不会改变什么。

一些船员认为经理和船员经济状况与社会地位的巨大差异是两者沟通不畅的主要原因之一。一位二管轮说：

　　事实上，与经理之间的谈话并不愉快。虽然他们对我们的态度不像对普通船员那样恶劣，但是经理们既有钱又有权，不像我们这些船员。他们从不跟我说话或关心我的生活或工作。我觉得，经理离我们很远。在这种情况下，我怎么可能与经理进行沟通或告诉他们我的真实想法？

一位大副说：

　　……沟通少是因为总经理和经理比我的地位高很多。如果我告诉他们需要改进什么、需要做什么，我担心他们会对我产生不好的印象。考虑到对我的这些负面影响，那我为什么还要说？

一些船员不与经理们沟通是因为他们对公司提供的工资不满意。一位船长说：

> 我不和他们（经理们）沟通是因为公司的发展跟我的利益根本没有任何关系。1998 年，公司与我签订了 15 年的劳动合同。在过去的 10 年里，尽管公司的利润一直很高，但是我们船员的工资一直很低。尽管现在航运市场快速发展，但是我的工资仍然低于国内其他公司船员的工资。

因此，据船员所述，经理并未变得友好，也没有对船员体贴周到，经理和船员之间的关系仍未得到改善。企图稳定船员队伍并使公司变成一个团结集体的"双服务"战略似乎并没起到什么作用。

除了经理对船员的恶劣态度以及缺乏对船员的关心引起船员的不满外，许多船员还觉得，公司管理不公平、不专业，一些经理经常占船员的便宜，期待从船员那里收受贿赂。下面将探讨这一内容。

二　关系

正如 Walder（1986）所发现的那样，关系是中国传统企业机构文化之一。在 Ag2 公司，如同我们在 Ag1 公司所看到的一样，关系在航运产业中也非常重要。

为了根除中国组织机构中"关系"这一历史性问题，改善管理，Ag2 公司实施了"双服务"战略，要求经理等管理者在管理过程中必须遵循平等、公平的原则。然而，笔者在与船员的交流中了解到，关系仍然严重影响着管理决策，存在于公司大大小小的事务中，使很多方面体现出不平等、不公平。那么，在经历了 30 年的经济改革后，关系为何仍在 Ag2 公司中起到如此重要的作用？其对船员又产生了哪些消极影响呢？下面将讨论这些问题。

（一）经理的权力和关系的重要性

经理的个人决定影响着船员的根本利益，这就意味着船员与经理之间的关系十分重要。下面将举例说明经理的权力。

1. 工作机会

调配经理决定着船员的工作机会。据船员所说，与调配经理关系好，就可以得到更好的工作机会和工作岗位。一位三副说：

> 如果我想上船工作，首先必须由调配经理推荐我去船东那里面试。如果有 10 名三副，经理不会让我们所有人都去参加面试，而是会选几个和他比较亲近或比较重要的人去面试。而其他的三副只能继续等待其他的机会。因此，关系决定机会，如果你和经理的关系好，那么你就能得到更好的机会。

2. 晋升

调配经理还影响着船员的晋升。船员认为，与经理建立了良好的关系，他们就能得到更多升职的机会，会被优先选择或提拔，在船上从事更高级别的工作。一位二副说：

> 要是和调配经理没有关系，即使你拥有二副的证书，他们也会让你在船上做三副的工作，给你三副的工资。他们会说，这是因为缺少三副。这样的话，你就别无选择，只能做三副的工作，每个月比二副少赚 500 美元。我就经历过这样的事情。

一位轮机员说：

> 在我开始做轮机员之前，我做了三年服务员。由于管理的问题，我没有积累任何有关轮机员的工作经验。这对我很不公平。我后来向其他年长的船员询问了我的情况。他们告诉我，我失败的主要原因是没有和调配经理搞好关系。听了他们的指导，我和调配经理建立了良好的关系，结果在第三次航行的时候，我就成了一名轮

机员。

3. 在好船上工作

笔者通过与船员交谈了解到，"好船"不仅是指船本身条件好、航线好，而且更重要的是外国航运公司会支付一般加班工资，从而产生高工资。另外，在好船上工作，船员需要完成的工作量相对较少，劳动强度低，能够更好地保证海上安全。著名航运公司的船就可以被界定为好船，在这样的船上工作，对船员来说是非常重要的经历并可以积累宝贵的工作经验。

船员十分关心他们工作的船舶。一位轮机长说："每一名船员都想到好船上工作。"笔者从船员那里了解到，和经理关系好，就意味着他们有更多的机会到好船上工作。一位一水说："调配经理会故意选择和他们亲近的船员到好船上工作。这就是现实，而且非常普遍。"

一位大副说：

> 调配经理将我们派到不同条件的船上工作。谁去好船上工作，谁去破船上工作，全由调配经理决定。和经理建立良好的关系，就可以到好船上工作。关系不好，就只能到破船上工作。

4. 海上工作时间

一些船员表示和经理之间的关系还会影响在海上工作的时间。因为有时候在海上工作的时间不是严格按照航行合同执行的，而是取决于调配经理的决定。一位二副说：

> 要是没有和调配经理建立良好的关系，在你结束工作后，他们就不会安排船员接替你的工作。他们不仅不会觉得愧疚，还会用"没有找到其他船员来接替你"这一借口来敷衍你。他们甚至会责备你使用船上的卫星电话给他们打电话申请假期。我就经历过这样

的事情。

当我被告知还要额外继续工作几个月的时候，我觉得十分沮丧和失望。要知道，在海上工作非常辛苦，船员们都盼望着即将到来的假期，盼望着回家。因此，在增加的几个月时间里，工作会变得更加艰难。

但是现在我和经理建立了良好的关系，我就可以按时休假，甚至可以早于合同签订的时间提前休假，并且享受回国旅行的福利。

正是由于调配经理的种种权力，船员十分重视和经理的关系。在实地考察过程中，笔者所访问的许多船员都表示，其回到公司后会立即去拜访调配经理。一位三管轮还告诉我说：

我必须满足调配经理的要求，否则他们就会生气，对我的印象不好。下次他们向船东推荐我的时候，就会想起来我曾经拒绝过他们。因此，他们就不会给我机会，或者会故意让我去破船上工作。

另外，当调配经理安排船员到条件差的船上工作时，船员即使不愿意，在绝大多数情况下也不得不妥协，以便和经理保持良好关系。一位二副说：

就算船的条件不好，我也不会告诉经理我不喜欢这条船，或者不愿意去工作。因为即使我说了，他们也不会改变主意，而且我和经理之间的关系很可能因此被破坏。

在访问中，还有一位大副告诉我说：

我希望到好船上工作，但是我也别无选择。毫无例外，每次我都要接受调配经理的安排。如果船的状况不好，我就只能强迫自己不去想那些可能会发生的危险。

为了维持与调配经理之间的良好关系，船员即使对经理的安排十分不满，也会以非常含蓄、谨慎、委婉的方式拒绝。一位水手长说：

> 如果我不想到船上工作，我就不上船。我会告诉经理我病得很严重，或者家里发生事情了，我走不开。我不会让经理再给我安排其他的船，因为如果我这么做，他们就会生气，并且可能责备我说："如果你不去，那你告诉我谁去！"所以我需要十分小心我的态度和措辞。我需要找到一个无法回绝的借口。我要让他们知道我是真的想去，但只是无法去。我不能冒犯他们。我也不敢。

经理拥有如此明显的权力，而且这些权力直接关乎船员的利益。在这种情况下，船员十分重视他们和经理之间的关系就不足为奇。

但是，船员仅仅顺从、服从似乎并不足以与经理建立和保持良好的关系。下面将讨论船员与经理建立良好关系的方式。

（二）船员的贿赂行为

由于经理手中握有很大的权力，为了自身的利益，船员不得不与经理建立和保持良好的关系。笔者从船员那里了解到，贿赂是最有效也是最普遍的方式。

按船员的说法，最普遍的贿赂方式就是金钱。船员普遍认为金钱是最有效的贿赂手段。一位普通船员说：

> 我是1995年被招聘进来的。我在家等了两年才等到（工作）机会。1997年，我第一次有机会到船上工作，因为我用2000元贿赂了经理。在我贿赂他两周之后，我就得到了工作机会。第二次我贿赂了两名经理，每名经理1000元。一周之后，他们给我打电话，

告诉我准备上船工作。所以，这 100% 有效。现在我每次航行结束，都得花 1000～5000 元来和他们保持关系。你要知道，很多船员都贿赂经理。如果我不知道其他人的经历，我也不会贿赂他们。如果别人都贿赂而我不贿赂，那么他们就会得到好的工作机会。

除此之外，还有一些船员选择其他的贿赂方式。但是，他们行贿时要十分谨慎地投其所好。一位三管轮说：

> 现在，在面试前，我会给调配经理两条香烟进行贿赂。两条香烟就等同于表示我的尊重。否则，经理就会认为我没有好好准备。我觉得在船员中这种观点非常普遍：贿赂经理是和经理建立关系、为自己创造良好机会的一种好方法。

但是，不是每个人都可以贿赂经理。笔者从船员那里了解到，经理不会随便接受他们不熟悉的人的贿赂。因此，船员想要贿赂经理就必须找到一个中间人。一位轮机长说：

> 不是所有人都有机会贿赂经理。1990 年左右，我记得一位休假休了 24 个月的三管轮想要贿赂一位调配经理得到工作机会。但是调配经理并不接受，因为他不了解这个船员。然后，这个船员找我帮忙。我知道他非常需要这个机会。很明显，如果不贿赂经理，他就没有任何机会上船工作。所以我帮他邀请经理出来一起吃饭。吃完饭后，这个船员用一条烟贿赂了经理。一周后，他得到了上船工作的机会。

船员通过贿赂经理与之建立良好关系，以便进一步获取他们的个人利益。但是，成功贿赂并不是一个简单的"你送他拿"的过程。船员必须找到一个对双方来说都可靠的中间人牵线搭桥，用心准备贿赂的物品，并且彼此心照不宣地共同保守秘密。当关系在公司大大小小的事务中都起决定性作用时，它们是如何影响船员利益的？是让他们得到还是失去？船员又如何看待这件事？下面将重点研究这些问题。

（三）船员对区别对待的评价

一些船员对公司管理感到十分气愤和不满。关系导致管理不公平、不平等，与船员的谈话可以很好地反映这一点，例如与经理关系好的船员就可以得到好的工作机会。这种不平等、不公平的现象使得一些船员对公司管理感到非常失望。一位二副说：

> 有时候，经理对负责任、经验丰富的船员的鼓励和提升可以给船员带来成就感和满足感，这比用金钱使公司的船员团结起来更有效。但是，无论我多么努力工作，我很少能从经理那里得到正面的反馈。我觉得他们根本就不关心努力工作的船员。我觉得经理和我之间的距离越来越远。

为了与经理建立良好关系和获得工作机会而贿赂经理，也给船员们带来了巨大的经济压力。船员普遍反映，近年来贿赂变得越来越难，因为经理的要求越来越高。一位1985年就进入公司的轮机长说：

> 现在，随着船员工资的提高和物质生活的改善，贿赂比10年、20年前要花的钱更多。10年前，请经理吃顿饭，或送条烟是建立关系很普遍的方式。但是，现在如果你给他们少于2000元，那么你就无法得到到好的船上工作的机会。

另外，由于关系对公司人员调配有重要影响，许多技能水平低的船员都凭借着各自的关系得到了各种各样好的工作机会，这也给海上工作带来了许多问题。一位大副说：

这种管理方式存在很多问题，不仅不公平，损害船员的利益，而且给海上工作带来问题。在雇用普通船员方面，这一问题就很明显。

普通船员相对于高级船员在贿赂调配经理的问题上更加普遍和严重，因为普通船员在劳务市场上大量剩余。据说，普通船员要想得到上船工作的机会就不得不贿赂经理。但是，一些靠着关系被派上船工作的普通船员根本就不努力工作，他们非常不负责任，也不专业，还很难管理。他们认为即使他们不努力工作，只要他们贿赂好经理，他们仍旧可以得到好的工作机会。因此，他们有恃无恐。……在公司里，我和一些负责并且努力工作的普通船员一起工作过，但是因为他们不认识有权的人，也没有钱去贿赂经理，所以，即使他们是很好的普通船员，也很难得到工作机会。

一位大管轮说：

我知道一位服务员，他是市海事法院前法官的儿子。他在船上不努力工作。船长好多次让公司找人接替他。但是，公司没有这么做，因为他是前法官的儿子。当我和他在同一条从新加坡出发的船上工作的时候，船员们让我救救他们，因为他准备的米饭就从来没有做好的时候。我跟这个服务员谈了谈，告诉他我可以帮他准备米饭，但是他找了一些发霉的大米来让我做，来羞辱我。我非常生气。当吃不上好的饭菜的时候，船员们也很生气。于是我威胁公司说，如果这名服务员不离开这条船，那么我就离开。最终我把他开除了。还有很多这样的事情。

尽管船员可以通过贿赂经理来实现他们的个人利益，但是最好的机会往往不是为他们准备的。有一些船员不用贿赂经理，他们也不是技能最强或最有经验的船员，但他们可以得到最好的工作机会和最好的福利待遇。这只因为他们与处于重要位置、手握大权的人关系非常密切，例如政府官员或公司经理的亲戚或好友。在这种情况下，大多数受访者均认同"派遣顺序"或"人员调配规则"的说法。一位资深船员在观察了调配经理 22 年的工作后总结出："那些得到船上最好工作机会和安排的船员都与某些有权的人有关系，比如经理的亲戚。在这些人之后就是那些通过努力还贿赂经理的人。那些技能好、有经验但不贿赂经理的船员排在第三位。有时候，为了完成工作，需要这些船员与第一类和第二类船员一起工作。"

以上种种都明确地显现出 Ag2 公司的管理违背了"双服务"战略的原则。这一原本旨在减少船员流失、保留船员的战略最终宣告失败。但经理为什么无法在日常工作中实施这一战略呢？这一问题将在下面进行探讨。

三　Ag2 公司对经理的管理

首先，经理不实施"双服务"战略和他们自身的利益有关，因为他们的利益是由总公司保障的。换句话说，即使劳务外派业务没有为公司取得利润，经理也不会被解雇。相反，总公司会因为他们强大的社会背景而给他们安排其他的工作。在 Ag2 公司，除了 20 世纪 80 年代开始就一直在公司工作的几位资深经理以外，其他大部分经理尤其是年轻的经理都是凭借社会关系和社会背景才被招聘进公司的。一位 63 岁的轮机长说：

要是和某位经理或某位有权的人没有关系，就不可能被 Ag2 公司招聘为经理。Ag2 公司在 1985 年成立的时候，我是公司唯一的轮机长。我曾经给现在的经理们培训过，当时他们都是在海上工作的轮机人员。我清楚地知道他们每一个人的技能和能力。他们并非都是出色的船员。我敢保证，如果让他们到船上工作、解决轮机问题，他们中 90% 的人都得迷糊。当我给他们讲解锅炉自动控制时，这些经理中没有人明白是怎么回事。因为他们的社会背景，这些不擅长航海的人都得到了提升，到办公室做管理工作。

一位船长说：

一些船员得到晋升去做管理工作并不是因为他们的能力，而是因为他们和有权人士的社会关系……我可以肯定地说，当他们在船上工作的时候，他们中大多数人都不是技能熟练的船员，因为我和他们中的多数都一起工作过。

其次，"双服务"战略实施的失败还与公司缺少对经理的激励有关。因为总公司拿走了公司大部分净利润，留给 Ag2 公司经理的奖金就很少。因此，无论经理多么努力地工作，或者对船员多么好，他们的福利待遇都不会有多少提高。

最后，经理对船员不公平的对待方式以及恶劣的态度还与 Ag2 公司缺乏监督机制、经理义务不明确有关。

总而言之，经理的管理水平与管理方式需要进一步提高和完善，"双服务"战略需要有效开展。经理不仅没有服务船员，没有对船员进行友好地管理，而且还从船员那里收贿，剥削、压榨船员。这导致船员对管理非常不满意。这就进一步解释了为什么众多船员从 Ag2 公司辞职。

除了"双服务"战略外，Ag2 公司还实施了其他战略来稳定船员队伍，力求使公司成为更加团结紧密的集体。下一节将讨论这一战略及其作用。

第二节　"传统思想动员"战略

在总公司的要求下，Ag2 公司还保留了一些国有企业在 20 世纪 70

年代和 80 年代组织过的传统活动。这些活动的目的是解决船员和经理之间的矛盾冲突，通过宣传、报道对船员的关心来提高船员的忠诚度。

其中一项主要活动就是几位资深经理在春节的时候到在船上工作的船员家里拜访慰问。这项工作非常重要，总经理说："这样的走访是总公司规定的，是一项非常重要的政治任务。"访问的目的是通过年度工作报告向船员宣传，激发他们的工作热情。

该活动的目的也是表现经理对船员们的爱护和关心。2007 年的一份报告是这么表述的：

> ……对船员家庭进行走访的活动得到了总公司的鼓励和支持。在 2007 年春节期间，公司的三位资深经理参与了这项活动。为了避免在工作时间去船员家里拜访，经理们牺牲了他们的业余时间，在晚上到这些家庭进行访问。尽管如此，没有经理对此有所抱怨。他们均认为走访具有十分重要的意义，他们的个人利益并不重要。

该活动的另一个目的是宣传好榜样，让船员向他们学习，模仿他们和他们家属的做法。2005 年的一份报告写道：

> ……经理也被船员的家属感动。例如，经理发现一些船员的父母生病，但是船员无法回家照顾他们；一些船员的妻子生病，但是还要照顾孩子；一些船员的妻子每顿饭只能吃得起方便面，但是他们从不向在海上工作的丈夫抱怨。

一位船员家属告诉经理："见到你真好。我会继续做个好妻子，不让丈夫为我担心，让他在海上好好工作。我不会告诉他家里的困难。尽管我身体不好，但是如果公司要求我的丈夫上船工作，我们也会支持公司的决定。"

另一位船员妻子说："自从我嫁给了船员，我就决定了无论遇到什么困难，我都自己解决。当我的丈夫在海上工作的时候，我的婆婆和我的父母都生病了。我不得不照顾他们，负担很重。但是，我没有让我的丈夫停止工作，回来解决问题。作为一个船员的妻子，我必须勇敢地去面对和解决任何问题。"

报告的最根本目的是激发船员和他们的家人对公司管理的认可，动员船员忠诚地为公司工作。在2006年的一份报告中，有一段是这么写的：

> 另一位船员的父母说："非常感谢你们的看望。我看见你们就好像看见了自己的孩子。"由于相互之间的感激与真情，经理和船员家属的心紧紧地联系在一起。我们成为一个坚固的集体，能克服任何问题。因为这些好船员和他们的家属，我们就不会害怕任何困难。

除了走访和宣传外，公司还组织其他活动来提高船员的忠诚度。例如，每年在公司会议室组织新年庆祝活动，邀请一些船员和他们的家人参加；在庆祝活动之后，公司会给船员提供免费的聚餐和新年礼物，如食品、毛巾和牙刷。2007年，船员第一次在中秋节的时候收到了公司发的月饼。公司还组织开展了思想政治课，抨击那些从公司辞职的船员："他们是多么自私、不负责任和不成熟，每个人都应该瞧不起他们，每个人都应该向那些爱岗敬业的标兵学习。"

然而，Ag2公司组织的这些企图稳定船员队伍、使公司成为团结集体的活动效果甚微。船员对这些活动并没有表现出多少欣赏，因为他们认为这些活动只是形式主义，并不是为了解决问题，比如提高他们的福利待遇。Ag2公司的一位船长说：

> 事实上，你可以感觉到公司的关心。在2008年中秋节的时候，公司给我发了一盒月饼。在这之前从未有过。另外，每年年

末的时候，我的家人都被邀请去参加公司组织的元旦庆祝活动，通常是聚餐。但是我和家人从未参加过。这对我们来说没有意义。我们的工资低，生活压力大。另外，公司不介意，甚至不会发现我和家人没有去参加活动，所以我们为什么要浪费时间和金钱去参加呢？

一位二副说：

　　2006 年，我参加了元旦的庆祝活动。在活动结束的时候，每个家庭分了一盒不到 100 元的速冻馒头。我和妻子开玩笑说："我还以为我们搬新家了，公司能发给我们一条羊毛毯子呢。"我认为这样的活动并不会拉近船员和经理的心，因为船员面对的现实问题，例如工资以及经理对船员的态度恶劣等问题并不会得到解决。

　　因此，那些旨在解决经理和船员之间的冲突，减少船员离职率的传统动员活动，并没有起到多少作用。尽管事实证明传统战略没有效果，但是 Ag2 公司每年不得不重复完成总公司所布置的这些任务。尽管组织了这些活动，公司的船员流失率并没有降低，21 世纪初船员劳务外派业务也没有得以发展。

　　下一节从工会角度进一步解释了船员辞职的原因，讨论了船员在受到管理者的不良待遇时，Ag2 公司工会是如何做出反应以保护船员的利益和权利的。

第三节　Ag2 公司工会

一　工会及其结构

在 Ag2 公司，工会几乎被船员遗忘。船员抱怨说，他们已经很多年没有和工会联系了。一位资深船员说：

> 我不知道 Ag2 公司是否还有工会。我猜应该还有。10 年前，工会为我们组织过一些娱乐和体育活动。但是，这些活动已经停止了。我甚至不知道现在的工会主席是谁。我相信许多船员都不知道。

Ag2 公司工会是在 1991 年公司与总公司合并的时候成立的，是总公司工会的一个分部，受总公司工会的领导。Ag2 公司的工会独立工作，而不是与总公司的工会一起组织活动，也得不到总公司工会的财政支持。笔者从总经理那里了解到，工会的资金来源于 Ag2 公司的利润。

在 Ag2 公司，工会受党支部的管理。工会主席的地位和待遇与公司的高级经理相同，例如财务部部长。

工会的结构很简单，包括一个兼职的主席和每条船上兼职的工会领导。工会主席的选举并不是按照《工会法》进行的。工会的主席是 Ag2 公司的调配经理。他由 Ag2 公司的总经理任命。此外，公司也没有明确规定工会主席每个月的工作时间。正如工会主席所说："需要我作为工会主席工作的时候，就是我的工作时间。"另外，他在工会工作并没有得到额外的工资。在谈到这一安排的时候，Ag2 公司总经理说：

> 我们任命调配经理为工会主席是因为我们考虑到调配经理直接与船员打交道。如果有问题，船员可以向调配经理反映、求助。这很方便。

船上工会的所有临时领导都由船长担任。每条船上的所有船员被认为是一个工会小组，船长组织工会在船上的活动，对工会主席负责。

2008 年，600～700 名注册船员包括农民工船员均成为工会成员。但是，调查结果显示，工会成员占注册船员的比例不到 100%。工会主席给出的理由是，在 2007 年年底 2008 年年初被招聘进公司的 100 名船员是农民工船员。如果经理对他们的表现满意，那么这些船员将在第二年被纳入工会。但是事实上，每一个农民工船员都被赋予进入工会的权利，不管经理的看法如何，这都是属于农民工船员们的权利。

二　工会的作用

从之前对 Ag1 公司工会的介绍中发现，工会在提高工人待遇方面没有起到明显作用。同样地，在 Ag2 公司，据工会主席介绍，工会的主要责任是协调船员与公司的关系。除此之外，工会的工作还包括代表公司对生病的船员表示关心和慰问，组织捐款活动。但是，组织文体活动不再属于工会的工作范畴。工会主席解释道：

> （工会）很少为船员组织娱乐活动，因为很难在假期将船员组织在一起。另外，我在人员调配管理方面的工作也很忙。

工会的另一项工作是帮助党支部书记发展党员。据工会主席说，2008 年上半年，2 名船员成为党员，还有 2 名船员成为预备党员。每年有 4～5 名船员成为党员。另外，工会主席还负责党员的思想道德教育工作。

与工人切身利益相关的问题，例如公平的工资待遇、平等对待等，工会并不关心。笔者从工会主席那里了解到，在 Ag2 公司从来没有集体协商。他解释说：

> 我是调配经理。党支部副书记是副总经理，党支部书记是总经理。因此，公司的管理实际上是我们在考虑了公司的利益和船员的利益后一起决定的。因此，没有必要进行集体协商。尽管出现了诸如船员工资低这样的问题，但是我们已经尽力使公司和船员的利益最大化。我们也没有更好的选择。如果存在能产生严重后果的问题，那么我们会尽力调整管理方法。我们不会组织船员来反对我

们，工会不组织集体协商。

在 Ag2 公司，船员没有反映意见的渠道。像本章前一部分提到的那样，这可能是因为工会主席忙于人员调配管理，或者是因为船员不怎么和经理交流。当被问及如何消除船员的不满的时候，工会主席说：

> 大多数船员都没有问题。我只关心那些生病无法上船工作的船员以及那些完全丧失工作能力的船员。他们是我主要关心的对象。

因此，工会主席的任务仅局限于帮助那些生病或无法工作的一小部分船员。大多数船员的需求和怨言则被忽视。

三　对工会的评价

经理认为工会发挥了很好的作用。Ag2 公司总经理说：

> 我对工会的工作很满意。工会不仅关心公司的效益，还关心船员的利益，特别是那些需要帮助的船员。

培训经理说：

> 工会劝说船员对 Ag2 公司忠诚，努力工作。这是非常重要的成绩。

业务经理认为工会在为严重患病的船员提供帮助这一方面起到了很大的作用。对工会的作用，他解释说：

> 国内的工会和外国的工会不同。在中国，工会是党建立的，在党的领导下工作。工会不是一个独立的组织。因此，工会为党工作，让普通工人加入工会，以支持、拥护党的领导。

在党支部书记是公司的总经理、工会主席由公司聘用这种情况下，工会无法为维护船员的利益而与管理者对抗。因此，工会在目前的情况下，只能做例如组织捐款、为贫困和患病船员筹集捐款等事情。这才是工会在现实生活中的作用。

与管理者相反，船员对工会的评价则是负面的。他们觉得他们没有得到工会的支持来参与公司管理的讨论。下面的访谈内容解释了这一点：

> 我们不参与公司管理的讨论。经理们在内部进行讨论。（一位三副）
>
> 我从未参与过政策的制定。没有人询问我的意见。（一位二管轮）
>
> 没有什么让我们讨论的。公司只是给你一份合同，然后告诉你要遵守规定。你要是觉得可以，就签合同。如果你不高兴，你就不签合同，就没有工作。（一位三副）
>
> 公司的任何决定都是为了使其利润最大化。公司从来就不询问船员的意见。他们尽可能多地扣留船员的工资作为企业的利润。除非所有船员一起反对管理，否则公司不会让步。（一位大副）

船员还抱怨工会不为上岸休假的船员组织娱乐活动。一位2003年入职的二管轮说：

> 中国国有企业的工会至少为员工组织文体活动，关心员工的福利。但是，Ag2公司的工会这么长的时间以来从未给船员组织过任何活动。我已经不记得上次组织活动是什么时候了。

一位船长说：

> 当我们上岸休假的时候，工会既不组织旅游也不组织其他活

动。我不知道还有没有工会。工会没有起到任何作用。我几乎忘记了工会的存在。

当谈论起每条船上的工会队伍时，船长作为工会的领导，却无法说出他们做的任何与工会有关的工作。一位船长说：

> 我曾听说过，在船上船长是工会队伍的领导。事实上，我们几乎没有这方面的工作，我们和工会几乎没有什么联系。

因此，工会未能保护船员的利益和权利。Ag2 公司缺少工作激励机制和保护船员利益的机制，最终导致众多船员辞职，从而造成船员劳务短缺，限制了船员劳务外派业务的发展。

第四节　高级船员的流失及其对船员劳务外派业务的影响

正如本章和第七章解释的那样，Ag2 公司管理方面的问题例如福利待遇水平低、战略失败等导致公司未能团结船员，众多高级船员辞职（第十章将解释船员从 Ag2 公司辞职后的去向）。

表 8-1 可以清晰地反映 Ag2 公司高级船员数量呈现下降趋势。2002 年，Ag2 公司招聘了 150 名海事院校毕业生，这一年 Ag2 公司高级船员的数量最多。尽管之后公司仍然致力于招聘高级船员（每年从海事院校招聘 70~100 名毕业生），但是从 2002 年开始，高级船员的数量不断下降，这是因为高级船员辞职的数量大于招聘的数量。2002~2008 年高级船员的平均流失率大约为 18%，流失率呈现加速增长的趋势（见表 8-1 和图 7-1）。

表 8 - 1　2002 ~ 2008 年 Ag2 公司高级船员的流失率

单位：名,%

年份（Y）	招聘（R）	高级船员数量（N）	离职（L）	离职率
2002	150	904	89	10
2003	75	890	105	12
2004	87	872	134	15
2005	85	823	157	19
2006	97	763	182	24
2007	105	686	192	28
2008	115	609	150	25
平均	—	—	—	18

注：$N_Y = N_{Y-1} - L_{Y-1} + R_Y$，比如，2005 年高级船员的数量 = 872 - 134 + 85 = 823。

资料来源：Ag2 公司人力资源部。

由于高级船员的大量流失，Ag2 公司没有足够的高级船员派遣到外国船舶上工作。劳务市场上也没有足够的自由高级船员（原因在第二章中讨论过），Ag2 公司对国外船舶的船员输出增长因此受到限制。2002 ~ 2010 年 Ag2 公司劳务外派船舶的数量一直保持在 40 只左右。当谈论到公司劳务外派业务增长受限时，Ag2 公司的业务经理说：

　　我们有一个业务网站。一些船东主动和我们合作。有时候他们到公司拜访，洽谈合作。因此，业务扩展根本不是问题。但是，我们没有足够的高级船员。这限制了劳务外派业务的发展。这才是我们最大的问题。

因此，高级船员的流失与短缺限制了 Ag2 公司劳务外派业务的增长。

第五节　小结

高级船员的大量离职导致船员资源的短缺，从而限制了船员劳务外派业务的发展。本章试图进一步挖掘 Ag2 公司高级船员离职的原因，主要从以下几个方面进行研究。

本章一开始讨论了"双服务"战略。总经理学习了这一西方人力资源管理战略，其目的是促进公司的人性化管理，解决管理者与员工之间的冲突，从而减少高级船员的离职率。但是，经理没有很好地实施这一战略。访谈内容显示，尽管实施了这一战略，但是普通船员和高级船员对于经理对待他们的态度和行为仍然不满意。和从前一样，经理和船员之间几乎没有沟通。另外，Walder（1986）认为，关系作为中国传统组织的一项文化特征，在 Ag2 公司中仍起主导作用。尽管"双服务"战略试图通过促进平等和公平管理来改变这一状况，但是这一战略最终宣告失败。为了建立和保持良好关系，大多数船员不得不贿赂经理。这给船员带来了经济困难，同时也给海上工作带来了问题。非正式和不公平的管理与经理的管理方式缺乏改革有关。船员对管理的不满是船员离职的原因之一。

除了"双服务"战略外，在总公司的要求下，公司还组织了一些传统活动，宣传管理者对船员的关心和爱护，以提高船员对公司的忠诚度。但是，因为船员得到的福利待遇低、管理者对他们的态度恶劣这些问题的存在，船员对这些活动并不怎么欣赏。结果，高级船员的离职率并没有因为这些活动而有所降低。

另外，本章还检验了 Ag2 公司工会在代表船员利益方面起到的作用，发现工会很少或几乎没有保护船员的利益。船员普遍认为，工会即使存在，其作用实际上也很弱。工会未能提高聘用条件和船员的工作积极性，这也是船员离职的原因之一。

前文提到，由于上级机构的干预以及缺乏相关的改革，船员需要面对很多问题，例如福利待遇低、经理态度恶劣等。这些都是 Ag2 公司船员大量离职的原因。从 2002 年开始，船员的短缺又限制了 Ag2 公司船员劳务输出的增长。

从 Ag1 和 Ag2 两个公司的案例分析可以发现，某些类似的因素阻碍了两家公司船员劳务外派业务的发展。在 Ag1 公司的案例中我们发现，由于航运公司和政府部门各种形式的支持与限制，Ag1 公司的改革程度有限，公司缺乏市场导向，从而导致了船员短缺，限制了船员劳务外派业务的发展。在 Ag2 公司的案例中我们发现，尽管该公司并非国有航运公司的附属公司，但是仍有一些因素阻碍了这一国有独立船员劳务外派公司船员劳务外派业务的发展。这些因素包括：总公司在 Ag2 公司利润分配方面的干预造成高级船员工资低；经理的管理缺乏改革；经理对船员不公平的对待方式和恶劣态度导致船员对管理的不满。这些问题导致大量船员从 Ag2 公司离职。由于缺少船员，船员劳务外派业务的增长受到限制。另外，这两家公司的工会均未起到应有的作用。它们在保护船员利益、提高雇佣条件方面几乎没有起到什么作用。Ag1 公司和Ag2 公司均缺少提高船员地位的机制，导致公司船员短缺，船员劳务外派业务表现不佳。

　　Ag1 公司和 Ag2 公司是中国最具有影响力的两家船员劳务外派公司。对这两家劳务外派公司的研究表明，尽管进行了经济改革，但是它们并没有像人们预计的那样，通过改革取得巨大的成果，也没有以市场为导向（Li and Wonham，1999；Sharma，2002；Wu et al.，2007）。这也在一定程度上解释了人们为何高估了中国船员劳务外派业务发展的可能性。

　　随着中国的经济改革，中国船员可以自由选择雇主。另外，随着中国国内航运业的快速发展，市场对船员劳务的需求迅速增加，在 21 世纪前 10 年的中后期，很多国有航运公司面临缺少高质量高级船员的窘境。在这样的大环境下，一些研究者持有如下观点：中国船员将变成自由船员，很可能会因为外国船舶优良的工作环境选择到国外航运公司工作。这一观点暗示了中国船员劳务外派业务存在潜在增长的可能（这些研究将在随后介绍）。在第四部分中，本书将讨论这一假设。笔者将从以下几个方面进行讨论：第一，中国船员在多大程度上打算离开他们原本工作的国有企业成为自由船员；第二，船员的流动是否会像学者假设的那样自由；第三，船员从国有船员劳务外派公司辞职是否意味着他们必然成为自由船员。这些问题的结论将通过经理和船员的观点在案例研究中得出。

第四部分

中国船员自由进入全球
劳务市场的障碍

伴随着中国经济改革的推进，中国船员逐渐被赋予自由选择雇主的权利，他们甚至可以选择外国航运公司的雇主。一些研究人员认为，中国船员正受到外国船舶工作机会的吸引，越来越多的中国船员将成为自由船员，中国船员到外国航运公司工作将呈现出上涨的趋势，从而导致中国船员向全球劳务市场输出的潜在增长（后文称其为"趋势理论"）（Wu，2003，2004a，2004b，2005；Wu et al.，2006；Wu et al.，2007）。例如，Wu（2004b）认为，随着招聘方式从国内船队向外国船队的转变，我们将目睹中国船员从国有企业员工变成自由船员这一流动趋势。目前，雇佣方式和工作条件变得更加复杂，特别是存在自由船员受雇于外国船舶的趋势（Wu et al.，2006）。

然而，目前的研究分析主张的"市场改革导致自由船员的产生，从而造成船员输出潜在增长"这一假设太过于理想化。事实上，2010年前船员对国有船员劳务外派公司的依赖、职业声望不断下降以及相关制度上的阻碍等因素均限制了中国船员离开国有企业成为自由船员的能力。

在第四部分，我们将就这一问题进行探讨。第九章研究了在中国社会主义市场经济环境中船员对国有企业的依赖。第十章探讨了制度障碍对船员向劳务市场流动的能力的限制。另外，本部分还对那些在案例中选择离开劳务外派公司的船员以及他们选择的新工作和他们做出选择的原因进行了研究。通过船员自己的表述，笔者对本书提到的现有学者对中国船员劳务输出的可能发展过高估计这一现象的社会经济原因进行了分析。

第九章　船员对国有船员劳务外派公司的依赖

本章分析 2006～2010 年船员在工作保障、福利、资格证书、工资保障、海上工作安全等方面的观点，揭示了船员在具有中国特色的社会主义市场经济环境下对国有企业仍有很强的依赖。这一分析解释了为什么在经济改革下部分中国船员将成为自由船员，但从总体来说，这一转变很有限。本章最终分析得出，"中国船员劳务输出将显著增长"这一趋势理论未能考虑船员工作和生活的社会、经济、制度因素。一些限制因素影响他们向国际市场的自由流动。"趋势理论"是对复杂形势过于简单化的估计。

第一节　工作保障

本节通过分析船员对工作保障的看法，具体分析他们对国有船员劳务外派公司依赖的原因。

在 Ag1 公司和 Ag2 公司，船员从来没有"被雇主解雇，失去工作"这样的担忧。如第三章讨论的那样，Ag1 公司一直竭力避免解雇船员，以此来保持社会稳定。即使公司船员有大量剩余，Ag1 公司仍然每年招聘 100～200 名船员来承担经理提到的社会责任。笔者从人力资源经理那里了解到，由于得到航运公司的支持，这些剩余的劳动力被认为是一种战略储备。

Ag2 公司也不开除员工。自 20 世纪 90 年代末期以来，即便 Ag2 公司有 200 名左右船员剩余，公司也没有开除任何船员。经理也认为这是一种社会责任。正如 Ag2 公司总经理所说的："扩大招聘是国有企业的社会责任。"

如果国有船员劳务外派公司的船员自愿离开公司，那么他们就会失去公司的庇护和原有的工作保障。这在一定程度上抑制了船员离职念头的产生。下面将对此内容进行详细解释。

一 失去就业保障

当谈论成为自由船员的时候，就业保障是船员关心的主要问题。他们认为没有就业保障是他们成为自由船员的一个阻碍，是他们向劳务市场流动的一个障碍。Ag2 公司的一位轮机长说：

> 是否成为自由船员不是我最关心的问题。最重要的是有一份好的、稳定的工作。即使成为自由船员，也无法保证工作机会……因此我不会匆忙地放弃在国有船员劳务外派公司稳定的工作。

Ag2 公司的一位二管轮说：

> 我真不敢从公司辞职。这家劳务外派公司是最专业的劳务外派公司之一。在这儿我可以很容易得到上船工作的机会。我觉得工作有保障。但是在市场上，作为自由船员什么都无法保障，尤其是工作机会。所以，我不会离开。

船员为什么会对劳务市场的工作保障如此缺乏信心呢？

首先，这是由于自由船员的工作机会不可避免地会受到一些复杂因素特别是航运经济波动的影响。这增加了自由船员工作的不稳定性。Ag1 公司的一位大副说：

现在是航运经济的顶峰。1995 年也出现过这一情况。在那时，很多小型公司在买船，给船员提供高工资。因此，一些在市场上的船员为这些公司工作。但是，几年后当航运市场不景气的时候，这些小公司大多数都倒闭了，船也被卖了，然后那些自由船员面临严重的失业问题。这在 20 世纪 90 年代末发生过。

Ag1 公司的一位二副说：

> 我在市场上工作过一年半的时间，因为那时工资给的很高。但是，我没从 Ag1 公司辞职。因为当航运市场不再像现在这么好的时候，我就无法得到工作机会，另外如果遇到其他问题，我仍然可以回到公司继续工作。我需要给自己留些后路。

其次，正如 Zhao 和 Amante（2003）所发现的那样，目前中国还没建立起为船员提供就业信息的渠道。在这种情况下，因为船员很难得到就业信息，所以他们认为自由船员的工作是缺乏保障的。

自由船员需要面对工作的不确定性，这一风险阻碍了那些在国有船员劳务外派公司拥有稳定工作的船员进一步成为自由船员。

下面将对普通船员的看法和不同年龄、背景的高级船员的看法进行分析，以此来解释为什么对于中国船员而言国有船员劳务外派公司能提供稳定的工作如此重要。

二　稳定工作对普通船员的重要性

Ag1、Ag2 两家国有船员劳务外派公司均为注册普通船员提供长期合同和稳定的工作。考虑到劳务市场上普通船员的不利条件，普通船员对在国有企业工作的稳定性十分重视。一位水手说：

　　现在我至少有稳定的工作。我不能放弃。在劳务市场上很难找到工作，因为普通船员已经出现剩余……至少我现在每个月还能赚6000元。要是我从 Ag1 公司辞职后无法找到能赚这些工资的工作怎么办？高级船员也许有更多的机会，但是普通船员没有。Ag1 公司的经理说，公司不会给普通船员增加像高级船员那么多的工资，如果普通船员不满意，可以离开。经理这么说是因为他们很清楚地知道，普通船员不可能离开，因为他们的工作机会少，在劳务市场上普通船员面临工作不确定的严重问题。

另一位水手说：

　　市场上的工作都是临时的。普通船员太多，工作没有保障。我从来没有听说过任何普通船员从国有船员劳务外派公司辞职。

　　由于在劳务市场上普通船员大量剩余，工作机会少，在国有船员劳务外派公司的稳定工作对于他们来说十分重要。因此，他们表示，相比较在劳务市场上成为自由船员而可能获得的好处，他们更喜欢国有企业的稳定。

　　不仅普通船员如此，对于一些不同年龄和背景的高级船员来说，国有船员劳务外派公司的稳定性同样具有重要意义。下文分别对中年和老年高级船员以及年轻高级船员进行分析。

三　稳定工作对中老年船员的重要性

　　Ag1 公司和 Ag2 公司提供的稳定工作对于年长的船员来说似乎具有特别重要的意义。笔者通过访谈发现他们很难放弃这份保障。一位二管轮说：

　　我不想失去这份稳定的工作。我这个年龄的人都希望孩子在政府部门工作，有一份稳定的收入，而不希望他们做临时工作，没有工作保障……对于中国人来说，在国企有一份稳定的工作非常重要。

为什么一份稳定的工作对中老年船员来说如此重要呢？船员总结了以下几条原因。

第一，与船员的年纪、年长船员的受教育水平以及劳务市场上激烈的竞争有关。一位 50 多岁具有高中学历的二副说：

> ……我从没想过辞职。在劳务市场上工作对于我来说太复杂。高中学历再加上年龄的原因，我在劳务市场上没有优势。在国有企业工作了一辈子，我只想等着顺利退休。

笔者考察了在 20 世纪 80 年代左右被招聘进公司，即现在 40～50 岁的船员的受教育水平，发现他们大多数是高中毕业。他们认为他们的教育背景没有竞争力，再加上年龄的原因，他们在劳务市场上处于劣势，所以保留在国有企业的稳定工作对于他们来说非常重要。

第二，在这个年龄段的船员通常具有非常强烈的家庭责任意识，这使他们很难放弃国有企业稳定的工作。一位二管轮说：

> 现在我父母都六七十岁了，我还有孩子要照顾，因此，我不能冒险去劳务市场上寻找一份收入不稳定的工作。

一位大管轮说：

> 我想离开公司，但是不容易。我不年轻了，而且还要照顾家……如果我还是单身，父母还都年轻的话，我很可能会辞职。

船员的家庭责任认识与中国社会薄弱的福利和保障体系有关。普通百姓在这方面面临许多问题，例如低养老金、昂贵的医疗服务费用和教育支出（Saich, 2009；Salditt et al., 2007；Sander, 2010；Shi, 2008）。在中国家庭，中年人的工资既要用来照顾年迈的父母，又要用来抚养年幼的子女。因此，他们身上肩负着巨大的压力和责任。正如前面所表述的那样，这些责任突出了国有企业稳定工作的重要性，即使现有的工作仍有一些瑕疵让船员不满意，他们也无法轻易放弃现有的稳定。这降低了劳务市场上自由船员这一工种的受欢迎程度。

拥有稳定的工作不仅是船员自己的事情，而且关系到船员整个家庭的生活。家庭成员的意见在强调国有企业工作稳定性方面也起到了一些作用。一位大管轮说：

> 更重要的是，我要考虑我从 Ag1 公司辞职，我的父母在多大程度上可以接受。他们岁数都大了。他们一辈子都在国有企业工作。要是我失去了稳定的工作，他们会非常担心。

考察船员父母的特殊经历后可以发现父母对工作不确定性的担心是可以理解的。船员的父母大多生于 20 世纪三四十年代。他们经历了 1979 年之前的计划经济时期。他们曾经是工人阶级，是企业和国家的主人，在计划经济时期被纳入国有企业中。在一定程度上，他们的头脑中仍保留着计划经济的意识形态（Chen, 2006）。另外，他们在国有企业工作了一辈子，在"铁饭碗"时期得到国有企业的照顾，没有太多从 20 世纪 90 年代开始的市场经济背景下的工作经验。失去稳定的工作而为私有船员劳务外派公司工作对于他们来说是一件十分具有挑战性的事（Chen, 2006）。因此，船员的父母对失去国有企业稳定工作表示非常担心，父母的态度在一定程度上阻碍了船员成为自由船员。

因此，稳定的工作对于中老年船员来说非常重要。他们更希望留在国有船员劳务外派公司，而不是成为自由船员。

四　年轻高级船员对工作稳定性的看法

国有船员劳务外派公司工作的稳定性对于年轻高级船员来说似乎并不那么重要，Ag1 公司和 Ag2 公司年轻高级船员的流失现象非常严重。大多数辞职的船员都受过高等教育。笔者从 Ag1 公司人力资源经理那里了解到，辞职的高级船员大多数不到 35 岁、受过高等教育、在 Ag1 公司工作不到 10 年。Ag2 公司的培训经理也说辞职的大多数年轻高级船员具有高学历（但他们辞职后不是必然进入国际市场成为自由船员。第十章将就这一现象进行详细解释）。

与具有高学历的年轻高级船员形成鲜明对比的是，具有低学历的年轻高级船员更喜欢国有船员劳务外派公司的稳定工作，而不是成为自由船员。因为他们认为，劳务市场没有提供给低学历船员多少机会，所以国有船员劳务外派公司的工作保障非常重要。一位具有中等学历的年轻高级船员说：

> 我没有积累很好的工作经验，也没有掌握很好的技能。在市场上，我很难找到更好的工作机会。没有高学历，在职业发展上我的选择机会非常有限。因此，我觉得我要珍惜这份有保障的工作，并且努力工作。

船员劳务外派公司近几年更倾向于招聘具有大专和高中学历的毕业生，而不是顶尖海事大学的毕业生，因为公司发现前者对公司更加忠诚。Ag1 公司工会主席说：

> 从 2006 年开始，我们从大专院校而不是从顶尖的大学招聘更多的船员，从高中招聘了更多的农民工船员。因为我们希望公司（船员）资源更加稳定。

Ag2 公司的培训经理说：

> 具有高学历的年轻高级船员流失很严重。我们已经停止从顶尖
> 的海事大学招聘毕业生，转向从大专和中等海事院校招聘毕业生。
> 这些学生相对于顶尖海事大学的毕业生来说更加稳定。

因此，在 Ag1 公司和 Ag2 公司，高学历的年轻高级船员辞职现象普遍。而对于低学历的船员来说，国有船员劳务外派公司的稳定工作非常重要。因为如果成为自由船员，他们就要为工作机会而奔波操劳，所以他们不打算离开国有船员劳务外派公司，而是非常珍惜他们的工作保障。由于目前公司的招聘战略更倾向于这些低学历船员而不是那些更优秀、更具市场竞争能力的船员，因此这些公司在总体上减少了向劳务市场输出船员的数量。

总的来说，第一节分析了作为自由船员工作时，船员主要面临的工作不稳定的问题。而对于许多不同年龄、级别和背景的船员来说，国有企业的工作稳定性非常重要，因此缺乏工作稳定性是阻碍他们成为自由船员的重要因素之一。

第二节　福利的问题

Ag1 公司和 Ag2 公司提供给注册船员的福利是自由船员无法得到的。一些国有船员劳务外派公司的船员正是因为这点而不愿意离开公司。首先介绍 Ag1 公司的详细情况。

一　Ag1 公司的福利和船员的看法

在中国，大型传统国有企业通常为注册员工提供很高的社会保险，因此这些员工在退休的时候可以得到很好的保障（Wu et al.，2007；Zhao and Amante，2003）。Ag1 公司的母公司就是一个例子。正如第五

章提到的那样，航运公司（Ag1 公司的母公司）按照最高标准为船员缴纳福利，其金额占船员工资支出的 47%。这一巨大投资保证 Ag1 公司船员在退休后可以得到良好的保障。但是，如果船员在法定退休年龄（55 岁）之前辞职，那么他们就不能按照最高标准得到福利。他们与没有辞职的船员相比要损失 60% ~ 70% 的福利。Ag1 公司的工会主席举例说：

> 以养老金为例，在 2008 年 7 月退休的船员每个月可以得到 4000 元的养老金。但是，如果该船员在 2008 年 5 月辞职，即使提前 1 个月，那他每个月就只能得到不足 2000 元的养老金。因为当他离职的时候，他的福利待遇标准降低了很多。因此，如果他不是 Ag1 公司的注册船员，就意味着他只能得到比标准低很多的福利待遇。另外，Ag1 公司之前缴纳的那些高标准的福利费用也只能捐给社会，不再与船员有关。

这在某种程度上阻碍了船员从 Ag1 公司辞职。一位二管轮说：

> 因为社会福利，我不敢辞职。如果我现在离开，航运公司支付的大部分社会保险将被纳入政府统筹基金。所以，当我退休的时候，我就只能得到很少的养老金和其他福利。我对此非常担心。

一位大副说：

> 我最关心的是我在 Ag1 公司工作了不止 18 年所积累的福利。如果有一天（公司）不再提供福利，那么我很可能会辞职。但是，只要还像现在这样提供福利，我就不会离开。因为如果我离开，我就会损失我用低工资所换来的多年积累的福利中的大部分。

考虑到中国薄弱的社会福利和保障体系（Saich，2009；Salditt et al.，2007；Sander，2010；Shi，2008），就不难理解为什么国有船员劳务外派公司提供的高福利对船员来说如此重要。

对于一部分船员来说，特别是那些四五十岁的船员，福利特别重要。Ag1 公司一位 45 岁的大副说：

> 对于像我这个年龄的船员，或那些 50 多岁的船员来说，还有不到 10 年我们就面临着退休。福利问题例如养老金和医疗保险，是我们即将面对的现实问题。因此，在我这个年龄阶段的很多船员都不会离开，因为 Ag1 公司提供的退休后的福利对于我们的生活极其重要。我们现在就是为了福利而工作。

一位 52 岁的二管轮说：

> 我现在就等着退休。其他的什么我也不想。如果我现在成了自由船员，那么我可能会损失几乎所有的养老金。所以，我不想离开。

为了留住更多的农民工高级船员，Ag1 公司从 2005 年开始每年向大量的农民工船员提供固定期限合同。如第三章介绍的那样，2005 年只有两三个非常优秀的农民工船长和轮机长可以得到航运公司的固定期限合同。但是截至 2007 年，35% 的农民工高级船员变成了航运公司的注册船员。因此，他们就可以像城市工人一样拥有同样的福利待遇。因为只有大型国有船员劳务外派公司才能提供这样的待遇，所以从 2005 年开始，Ag1 公司农民工高级船员的流失率在逐年下降。因此，为农民工高级船员提供的福利是他们选择留在 Ag1 公司而不是成为自由船员的主要原因之一。一位农民工高级船员说：

我现在不想辞职，因为我在等机会与航运公司签订合同，这样我就能成为注册船员，就会如同注册船员一样得到更好的福利、更高的工资以及其他待遇。这些对于我来说真的很重要。

另外，国有船员劳务外派公司提供的福利是普通船员更青睐于国有船员劳务外派公司的一个主要原因。一位轮机员说：

普通船员努力成为国有航运公司或国有船员劳务外派公司的注册船员，其中最重要的一个原因就是企业提供的福利。

一位水手说：

普通船员很少辞职。一个主要原因就是 Ag1 公司为我们这些注册船员提供了很好的福利待遇。

受访的普通船员重复表达了这一观点。一位铜匠还说：

如果我在劳务市场上作为一个自由船员工作，就没有希望让市场上的劳务外派公司为我缴纳福利。事实上，那些劳务外派公司很少关心高级船员的福利，更不用说普通船员了。所以，在国有船员劳务外派公司工作对普通船员来说是令人非常满意的事。

普通船员认为，在大型国有企业以外工作的自由普通船员很少拥有福利。其原因是，在劳务市场上普通船员大量剩余，他们处于市场劣势。韩杰祥（2008）提到："国内劳务市场缺少高级船员……相反，有大量剩余的普通船员。"黄国勇（2008）分析说："从 2000 年开始，国家培训机构培训了大量普通船员；在国内船员劳务市场出现了大量的剩余普通船员。"Ag1 公司的一位一水谈论了在劳务市场上普通船员的劣势，并分析了自由船员得到福利的机会渺茫的原因：

> 在劳务市场上普通船员的选择很少。对于船上的体力劳动，很难说谁比谁了解得多，因为是低技术性工作，几乎所有的普通船员都一样。所以我们无法谈福利或者其他条件，因为普通船员太多了，如果我们出任何问题，经理可以轻易地将我们替换下去。

由此可以看出，普通船员几乎没有能力就雇佣条件同船员劳务外派公司进行协商。在中国，自由普通船员几乎没有福利。如果注册普通船员从国有船员劳务外派公司辞职，那么他们就丧失了享受福利的机会。这也解释了为什么国有船员劳务外派公司的普通船员都非常珍惜他们的工作。

Ag1 公司可以为注册船员提供良好的福利支持，这对许多船员来说很重要，包括中老年高级船员、普通船员和农民工高级船员。这些福利也阻碍了船员从 Ag1 公司辞职。

二　Ag2 公司的福利和船员的看法

如第七章介绍的那样，Ag2 公司没有为船员提供较高的福利待遇，这是因为 Ag2 公司是一家国有独立船员劳务外派公司。不同于 Ag1 公司可以从其母公司得到支持和保障，Ag2 公司没有这样的支持，船员的福利待遇都要由其自己承担。尽管如此，Ag2 公司的普通船员却仍然非常看重公司提供的福利待遇，这也加强了他们对公司的依赖。一位一水说：

> 尽管 Ag2 公司的社会保险不是非常高，但我们的情况仍比市场上自由普通船员的情况要好。事实上，那些普通船员没有任何福利。因此，从这方面来说，我仍然对 Ag2 公司表示满意。

　　将本章与第八章提到的普通船员的劣势相结合，我们就可以理解为什么在 Ag2 公司提供的福利待遇如此低的情况下，普通船员却仍然非常重视这份福利待遇。这是他们留在公司的一个重要原因。如同那位一水说的那样，这也在一定程度上阻碍了船员成为自由船员。

　　不仅仅是普通船员，Ag2 公司的农民工高级船员也不愿意离开 Ag2 公司，这是因为公司可以帮助他们得到城镇户口，Ag2 公司提供的这项特殊的非工资福利的目的就是留住农民工高级船员。农民工高级船员表示他们愿意花费时间等待机会转成城镇户口，当他们成为资深高级船员的时候，他们和家人就可以拥有城镇居民身份，享受所有的社会保险和政府提供给城镇居民的所有支持与保障。为了得到这些福利，船员不仅要一直为 Ag2 公司服务，直到他们取得高级船员资格，而且在他们转为城镇户口后，还要和 Ag2 公司签订长达 8 年的固定期限合同。城镇户口对农民工船员及其家庭如此重要，是因为没有其他公司会帮助他们转户口，所以农民工高级船员强烈依赖于 Ag2 公司。在各种福利的诱惑吸引下，农民工高级船员被牢牢地与 Ag2 公司拴在一起。

　　第二节详细地讨论了，如果船员离开国有船员劳务外派公司就会损失一些或者所有的非工资福利，而这些福利对于许多不同级别、年龄和背景的船员来说都具有非常重要的意义。这些非工资福利阻碍着船员成为自由船员。

第三节　工资保障

　　Ag1 公司和 Ag2 公司的船员从来都不用担心公司会拖欠他们的工资。但是一些小型的私有船员劳务外派公司，特别是那些没有在任何政府机构注册的公司就存在拖欠船员工资的问题。当谈论到在私有船员劳务外派公司工作的时候，一些船员抱怨一些小型私有船员劳务外派公司的可信度低。Ag1 公司的一位大副说：

　　国有船员劳务外派公司不会拖欠船员的工资。工资有保障。许多私有船员劳务外派公司经常拖欠工资。当船员问他们要工资的时候，一些私有船员劳务外派公司经常只给他们一半工资或根本什么也不给。我知道许多船员根本从未得到过任何工资。一些船员已经和代理协商了2个月甚至5个月，但是他们仍旧无法得到工资。

Ag2 公司的一位三管轮说：

　　如果我在小的劳务外派公司工作，很有可能所有工资都无法得到。在船东给那些劳务外派公司代理服务费后，他们中一些人甚至带着船员的一部分工资或所有工资跑了。我朋友遇到过这种事情。这非常令人沮丧。

Ag1 公司的一位船长说：

　　我有一位朋友2007年才得到大副的证书，他没有任何大副的工作经验。这样就很难被像 Ag1 公司这样的大型劳务外派公司录用。他在一家小型公司接受派遣，工作了3个月后，他却没有得到工资。每次他去公司要工资的时候，经理都让他等等。最后，我的朋友放弃了他的工资，因为他不可能天天去公司，他还有自己的工作要做。

　　船员对私有船员劳务外派公司的不信任源于船员劳务市场的不规范（沈关宝等，2005；Zhao，2000b；Zhao and Amenta，2003）。由于对劳务市场缺乏规范管理，许多船员劳务外派公司没有在政府机构登记就开始营业；许多船员劳务外派公司的经营并不遵循国家以及相关国际劳务条例和海事条例的规定。同时，由于缺少中华总工会的支持，船员很容易被剥削，从而自身利益受损（Zhao and Amante，2003）。在这样的情况下，船员很难对私有船员劳务外派公司产生信任，他们对私有船员劳务外派公司的工资保障表示非常担心。

因此，一些船员表示，从长远打算，考虑到私有船员劳务外派公司的低信誉度，他们不会成为自由船员为私有船员劳务外派公司工作。Ag1 公司的一位三管轮说：

> 我曾经在一家小型的船员劳务外派公司工作过。我知道他们的信誉很低，我也非常担心。尽管小型船员劳务外派公司的工资比大型国有船员劳务外派公司的高，但是，你不知道你是否能拿到工资。大型国有船员劳务外派公司信誉好、省心、有安全感。所以，我不想为小型船员劳务外派公司工作。

Ag2 公司的一位轮机长说：

> 如果在市场上作为自由船员工作，那么什么都没有保证。因为你对船员劳务外派公司或船东几乎没有什么了解，工资没有保证，你工作的船舶条件也无法确保。我觉得在私有船员劳务外派公司工作没有在国有船员劳务外派公司工作那么好。

第四节　海上安全

Ag1 公司和 Ag2 公司的许多客户都是专业的航运公司，他们会对船舶进行专业的、系统的维护、保养和管理。因此，这些航运公司的大多数船舶状况相对较好。另外，Ag1 公司和 Ag2 公司雇用并派遣大量正式的、专业的船员到船上工作，从而有效地保证了专业、安全的海上航行。但是，当船员谈论到作为自由船员为一些私有船员劳务外派公司工作的时候，他们均表现出对船舶条件和其他船员素质的担忧。下面分两部分介绍了他们的担忧。

一 海上工作条件

当谈论到作为自由船员上船工作时，船员对私有船员劳务外派公司的船舶条件表示担忧。船舶条件引发的对海上安全问题的担忧阻碍了他们成为自由船员。Ag1 公司的一位轮机长说：

> 如果你去小型船员劳务外派公司寻找工作机会，那么你很有可能被安排到小型航运公司拥有的条件差的小型船舶上工作。当我在小型船舶上工作的时候，我发现不仅工作量大，而且非常危险。所以，我觉得作为自由船员在市场上工作，或依靠小型船员劳务外派公司不是长久之计。

Ag2 公司的另外一位高级船员说：

> 小型船员劳务外派公司主要与小型航运公司合作。这些小型航运公司通常只有一两只老旧船舶。在这样的船上工作，我可能会处于危险之中。所以，我选择为大型国有船员劳务外派公司工作，这些公司的客户主要是大型航运公司，我很有可能到条件好的船舶上工作。

进一步分析表明，自由船员工作的船舶条件差的主要原因为：许多私有船员劳务外派公司只能与国内的小船东合作。这正如第二章提到的那样，由于在中国注册的要求高，大多数私有船员劳务外派公司无法在中国行政机构注册业务，所以它们也就无法获得船员劳务外派资格。除此之外，由于缺乏政府的支持，许多私有船员劳务外派公司没有稳定的船员劳务。为了解决这一问题，私有船员劳务外派公司不得不经常招聘自由船员，船员的质量也无法得到保证。因此，许多私有船员劳务外派公司很难和大型航运公司合作，小型国内航运公司是这些公司的主要合作对象。

以上种种均导致了私有船员劳务外派公司派遣船员工作的船舶条件较差，从而无法保证船员的海上安全。这样的影响和可能的后果阻碍了国有船员劳务外派公司的船员离开公司成为自由船员。

二　船员素质

笔者从船员那里了解到，一些私有船员劳务外派公司会雇用一些没有资质的船员为其工作，这也对海上安全造成了负面影响。Ag2 公司的一位大管轮说：

> 如果你在私有船员劳务外派公司工作，那么你就对同事的情况一无所知，比如他们的技能或素质。这对海上工作是非常不利的，尤其是海上的团队工作。我曾经被私有船员劳务外派公司派遣到海上工作过 4~5 个月。在那期间，10~15 名船员被新船员代替，船员的更换率高达 50%~70%。许多船员只工作 2~3 个月，没有长期工作打算。我遇到过一些船员，他们只在船上工作两个月，然后准备在接下来的两个月去工地工作。所以，私有船员劳务外派公司派遣的船员的素质经常很低，这对于海上工作的人来说是非常危险的。

Ag2 公司的一位大副说：

> 大型船员劳务外派公司的船员队伍相对稳定，船员的整体素质也有保证。而一些小型船员劳务外派公司临时招聘的船员背景不同，表现出的工作素质也不同。事实上，小型船员劳务外派公司不关心船员的素质。当我为小型船员劳务外派公司工作的时候，觉得没有安全感。

Ag1 公司的一位三副说：

他们（私有船员劳务外派公司）让一些没有船上工作经验、资历浅的船员到船上工作。如果我和这些人一起在海上工作，我就是在拿我的安全作为赌注。

私有船员劳务外派公司无法派遣高质量的船员，很难招聘到稳定的船员队伍或者提供定期培训，这还与缺少政府的支持、业务规模小有关。事实上，当私有船员劳务外派公司很难招聘到足够数量船员的时候，就无法顾及船员的质量问题（Zhao and Amante，2003）。

受访船员多次提到，其他船员较低的专业素质也阻碍了他们成为自由船员。下面是一位大副的例子：

私有船员劳务外派公司招聘的许多船员技能都比较低。他们没有受过良好的培训。一些人甚至使用假证件。小型船东不关心船员的质量，这对海上安全来说很不利。据我所知，很少有船员想去这些公司工作。我也不想去私有船员劳务外派公司工作。

第五节　小结

本章介绍了由于国有公司所提供的良好待遇，例如工作保障、福利、工资保障和海上安全等，船员在社会主义市场经济体制下仍对国有企业存在依赖。当船员将航海作为长期职业并且以此谋生的时候，尽管不乏国有船员劳务外派公司的船员在上岸休假期间临时去国内其他航运公司工作，但是他们很难真正离开公司（沈关宝等，2005；Zhao，2000b）。另外，从分析中我们可以看出，船员是否会从国有船员劳务外派公司辞职成为自由船员受到众多复杂因素的影响，不仅与船员劳务外派公司的管理例如工资这样的简单因素有关，而且与一系列其他问题有关，包括船员在劳务市场中的地位、船员的历史经验和他们的个人期望。"趋势理论"认为，作为经济改革的结果，中国船员将离开国有船员劳务外派公司成为自由船员，从而会导致船员劳务输出的潜在增长。但本章的论述已经证明这一理论太过理想化。

另外，船员对在私有船员劳务外派公司工作时可能会遇到的工作保障、福利问题以及工作危险性的担忧也反映了中国船员劳务市场和中国社会改革的程度有限。

截至 2010 年，船员的短缺已经促使国有船员劳务外派公司建立相应的制度以减少船员流失。在这些制度的影响下，那些打算离开国有船员劳务外派公司的船员也无法直接成为自由船员。在这种环境下，对于那些从国有船员劳务外派公司辞职的船员来说，辞职是否意味着成为自由船员呢？这些船员辞职后去向如何？先前的研究并没有考虑这些问题，下一章将对此进行重点探讨。

第十章 船员流动的制度性障碍以及船员向陆上工作的外流

Nichols（1980）将自由雇佣劳动力的一个重要标准定义为"自由选择、自由离开雇主"。本章继续按照 Nichols 的观点讨论"趋势理论"。通过分析企业为防止船员辞职而设计的管理战略对船员流动造成的影响，研究船员是否能够自由从公司辞职，以及那些从国有船员劳务外派公司辞职的船员是否如同"趋势理论"所指出的那样成为自由船员。研究表明，很难将中国船员定义为自由雇佣劳动力。中国船员的流动也并非像"趋势理论"所认为的那样自由。

第一节 船员休假期间证书的管理

正如第六章所讨论的那样，因为很多高级船员会利用上岸休假这段时间在劳务市场上工作以赚取外快，所以经理经常抱怨公司内高质量船员短缺。为了解决这一问题，从 2007 年起，Ag1 公司开始对船员证书进行严格控制。公司规定，当船员在海上工作的时候，船长负责保管船员的证书；航行结束的时候，船员需要将证书上交公司。公司还严格禁止经理在船员上岸休假的时候把证书发放给船员。一位二管轮描述道：

> 从 2007 年开始，公司开始在我们休假的时候扣留我们的证书。在 2007 年之前，我们只要付给公司上船工作第一个月工资的10%，就可以得到证书在市场上工作。现在，这是不允许的。公司

对我们进行更加严格的控制。

为了惩罚和警诫那些不按照规定办事的船员，即未能在上岸休假时上交证书的船员，公司会扣除他们的福利和上岸休假的工资。另外，公司不会为船员报销他们从家到港口的差旅费。除此之外，公司还会推迟船员将来的晋升；当他们返回公司工作的时候，会安排他们到工资低的船上工作。一位曾经在市场上工作过一年的船员说：

> 在这项政策实施之前我得到过证书并在劳务市场上工作过一年。公司扣留了我的工资和福利很长一段时间。Ag1 公司的经理给我打电话让我上船工作，但是当时是我的家人而不是我接的电话。如果我想回 Ag1 公司工作，那么前三条船都会是工资比较低的船舶。所以，在那 3 年里，我没赚多少钱。

人力资源经理解释说，扣留船员的证书是为了更好地管理证书，对船员进行更加严格的控制。他说：

> 是的，这是为了更好地管理船员的证书。我们为船员更新证书。因为，有时候船员不知道他们的证书什么时候应该更新。所以我们来保管证书，这样便于管理。另外，这还可以更好地管理船员的流动。如果船员和我们签订了合同，那么他们就是我们的员工，因此他们就不能在 Ag1 公司没有安排或许可的情况下为其他公司工作。当他们为其他劳务外派公司工作的时候，我们的人员调配管理就无法保证。

Ag1 公司扣留船员的证书阻碍了船员在上岸休假的时候在市场上选择其他航行机会。一位大副说：

其他公司,比如 x 公司和 y 公司,至少每个月给我打一个电话问我是否能去他们公司工作。但是因为我的证书已经被公司扣留,我就无法去这些公司工作。

当被询问在上岸休假的时候都做些什么时,一些船员说就在家里待着。一位二管轮说:

除了在公司得到的工资外,很少有船员有其他额外收入。因为上岸的时间并不是很长,我们通常帮着家里做做家务、做饭、买东西。

一位普通船员说:

我上岸休假的时候不做其他工作。我照顾孩子,更新知识,见见朋友。我的假期通常为 3~4 个月,并不是很长。

通过扣留证书来控制船员的管理方法所起到的作用仍十分有限,因为一些船员仍然可以通过各种手段得到证书。工会主席说:

这个方法不是非常奏效。一些船员不管怎么样都能得到证书,我们对此毫无办法。

工会主席对此并没有做出详细解释,但是一些船员讲述了他们是怎么得到证书的。笔者从船员那里了解到,他们采取的最普遍的方法就是贿赂经理。一位二副说:

尽管对证书的管理更加严格,但是如果你的社会关系足够硬,那么你仍然可以得到证书。我就知道一名船员用 1000 美元贿赂了调配经理，得到了证书。如果你和某位有权的大人物有关系，你都根本不用贿赂经理。总经理的侄子就从来没贿赂过任何经理，他都是总经理亲自派遣的。他也从来不用等工作机会。规章制度从来只是针对普通船员的。

一位三管轮说：

如果你有合适的中间人，那么你就可以用钱贿赂经理，然后得到证书。只要你有适当的关系，证书的管理就不那么严格。他们即使知道你在劳务市场上工作，也不会处罚你。

正如第六章介绍的那样，经理的松散管理以及在 Ag1 公司关系的重要性，可以很好地解释这一现象。

以上分析清楚地显示了，关系在 Ag1 公司大大小小的事务中都发挥着重要的作用。这在一定程度上导致扣留船员证书这一战略的作用被大打折扣。尽管如此，为了尽量解决船员短缺的问题，公司在 2007 年不得不实施这一战略。战略实施后，一些没有关系、没有背景的船员就无法取得证书，在上岸休假的时候就很难出海工作。相比从前，他们现在去劳务市场上工作的机会要更少。

Ag1 公司还通过经济处罚机制减缓船员的流失。下一节将介绍此内容。

第二节　Ag1 公司的经济处罚机制

一　经济处罚机制

Ag1 公司规定如果船员在合同结束前辞职，那么他们就要支付经济处罚金（简称"罚金"）。这已成为船员从 Ag1 公司辞职的一个障碍。

一位船长说：

> 在合同解除前，我们如果想要辞职，就要交罚金。如果我们不交罚金，我们要么无法得到证书，要么最多只能继续使用（证书）5 年……因此，最重要的是公司首先同意我们辞职，然后我们必须交罚金。所以，我们就被困在这了。

一位三副说：

> 如果你不交罚金，也不听从公司的安排，那么你就会上黑名单。在这种情况下，如果你需要更新证书，公司就不会为你更新。即使你的证书丢失了也无法补办，因为公司不会帮你。公司就像大腿，你就像小胳膊，小胳膊拧不过大腿，这是一个道理。扣留和控制证书是公司控制船员最重要的方法。对于我们来说，没有证书就意味着没有饭碗，就意味着失业。所以，我们如果想要离开，就必须要支付经济处罚金，这是辞职的一大障碍。

分析显示，Ag1 公司通过经济处罚机制成功地控制了船员的流动，公司主要通过扣留船员的证书来强迫船员缴纳经济处罚金，以此来减缓船的流失。但是为什么 Ag1 公司可以如此直接地控制船员的证书呢？在公司内部，这些证书又是怎么被管理的呢？

在 2010 年前，仅有少数事业单位和国有企业可以办理船员证，Ag1公司就是其中之一。公司负责处理所有船员的证书登记，公司编号被记载在船员证书注册编号的最前面。因此，如果 Ag1 公司不出面，船员是无法自己更改证书的，包括每 5 年的更新、证书丢失的补办或取消。另外，由于证书上有 Ag1 公司的编号，所以只有被 Ag1 公司直接派遣的船员，以及 Ag1 公司负责管理的船员才能够使用。如果船员想要离开Ag1 公司，那么 Ag1 公司需要将他们的证书在海事局注销，这样船员才可以在今后申请新的证书。为了以后能顺利地取得证书，船员必须缴纳罚金才能终止与 Ag1 公司的雇佣关系。即使船员拒绝缴纳罚金，Ag1 公司也可以通过不为他们更新或注销目前的证书来迫使他们屈服。因为这些证书在不到 5 年的时间内就会到期，到期后船员将无法申请新证书，从而直接影响他们的职业生涯。面对这样的现实，船员只能屈服。因此，Ag1 公司通过控制船员的登记和证书来达到控制船员的目的。笔者从船员那里了解到，经济处罚机制成功阻止了一部分船员离开公司。经济处罚金是这部分船员成为自由船员的一个障碍。

二　船员对经济处罚金的看法

经济处罚金包括合同违约金、证书管理费用、培训费用、Ag1 公司支付给海事教育机构的船员招聘费用、学员培训费用和船员需要退还给公司的各种费用，包括各种津贴、福利以及船员拖欠公司的钱。大多数船员都对这一罚金制度表示不满。

笔者从船员那里了解到，他们认为存在的第一个问题是合同中的一些条款不合理，他们对于一些费用的收取并不认同。一位二副说：

> 例如，证书管理费就不合理。根据海事局的要求，船员应该保留除了船员登记之外自己的其他证书。但是 Ag1 公司强迫我们提交所有的证书，并由他们保管。我们如果不上交证书，就会受到惩罚。因此，是公司主动要求保管证书的，证书管理费就不应该包括在罚金中。

另外，罚金还包括船员需要退还给公司的费用，例如 Ag1 公司给船员支付的福利，一些船员认为退还这笔钱是不合理的。一位大副解释道：

> 当我需要与公司终止合同的时候，我需要退还公司预支付福利的那部分钱。但是，在辞职后我无法享受高福利。另外，我也已经

为福利支付了一大笔钱，但是我如果辞职就无法受益。因此公司让我再多付钱是不对的。

第二个问题是船员提到的在 Ag1 公司的经济处罚管理中，Ag1 公司只列出了船员总共应该返还给公司的金额，但是没有明确其计算方法。因为公司没有给出明确的处罚管理标准，经理只是按照他们的个人考量和与船员的关系有针对地设定处罚金额。一位三副说：

> 要是我第一次与经理谈论我的罚金时，他问我要 13000 元，我很可能就缴纳罚金了。但是他最初让我交 4000 元，第二次我去的时候，变成了 6000 元，等到第三次的时候则变成 13000 元。这让人无法接受。我记得我问刘经理他是怎么计算总额的，为什么每次的金额都在变。

一位普通船员说：

> 我读过合同。条款不清楚，也不合理。有许多条款取决于公司的解释。总而言之，经理说什么都是对的。

一位退休的调配经理说：

> （关于经济处罚金）没有明确的规章制度。如果经理对你满意，或者你和他们有关系，那么你就支付得少。否则，他们就会让你双倍支付。他们只是按照自己的心情来制定罚金。这就是实际情况。

工会主席含糊不清地解释说：

> 合同有些老旧，条款也宽泛、粗略。没有计算罚金的条例。另

外，一些罚金比如培训费，应该按照收据收取。但是因为我们的培训中心没有资格出具收据，许多事情很难弄清楚。

第三个问题是公司对于合同上处罚条款的单方更改。笔者从船员那里了解到，Ag1公司经常在没有事先通知船员的情况下私自改变合同条款。一些船员抱怨，当他们再次阅读合同的时候，发现一些条款发生了改变。一些船员甚至提到他们从未亲自签订过新合同，而是经理代他们签订的。因此，他们根本不清楚新条款的内容或要求。一位大副说：

> 1999年的合同中包括住房津贴的条款。但是我那年签订完合同后，中国住房政策改变了。当我今年再接到合同的时候，我发现一些关于住房津贴的条款已经被公司改变了，但是我一无所知。

第四个问题是向农民工船员收取经济处罚金是不合理的。如同第三章介绍的那样，农民工船员没有和Ag1公司签订雇佣合同。他们由当地劳动局雇用，劳动局向船员劳务外派公司输送劳务来提高当地的就业率。但是，即使农民工船员没有与Ag1公司签订雇佣合同，如果他们离开，他们仍然被要求缴纳罚金。农民工船员觉得这非常不合理。一位农民工高级船员说：

> 罚金的收取是在违约的基础上，以合同的存在为条件的。我们没有与Ag1公司签订合同，也没有得到注册船员的待遇：我们没有非工资福利、社会保险、上岸工资或年终奖金。但是，我们离开的时候，公司要我们支付罚金。这很不合理。

人力资源经理解释说，对于农民工船员的处罚是基于协议的，而不是根据合同。当笔者问及有关协议的内容时，他却无法提供相关信息。当笔者提出想要看看协议时，他拒绝了笔者的要求。事实上，从下文也可以看出，这些协议是不合法的。

三　不同年龄阶段船员对罚金的不同反应

对于 Ag1 公司经济处罚管理中的各种问题，不同年龄阶段的船员持有不同的态度。

有一些年轻高级船员站了出来，对公司进行谴责与抗议。其中一个例子是发生在一位三副身上的故事。招聘的时候，他没有和公司签订合同。但是，当他想要离职的时候，公司向他索要一大笔钱作为违约赔偿金。他觉得这不合理，他也没有钱可以付给公司。在那时，他的证书要到期了，需要更新，所以他有两个选择，要么继续留在 Ag1 公司工作，要么缴纳罚金以申请新的证书。他不知道该怎么办，只能向朋友寻求帮助。他还咨询了律师。律师方先生对打赢这场官司非常有信心。一场旨在维权的法律诉讼开始了。Ag1 公司的律师抗辩道，尽管该三副没有和 Ag1 公司签订合同，但是他在农村与当地劳动局签订了合同，劳动局派他到公司工作，所以他签订的合同对他仍有约束作用。但是，事实上该船员对与当地劳动局签订合同完全不知情。Ag1 公司的经理还多次强调农民工船员与公司签订了协议。但是，船员的律师从专业法律角度指出，协议中的很多条款是不合法的，是无效的。Ag1 公司在法庭上也未能证明协议的有效性。因此，根据法院判决结果，Ag1 公司最终注销了该船员的证书，船员也无须为此支付任何罚金。船员通过法律手段有效地维护了自己的权益。

这件事后，该船员还帮助一个遇到类似问题的船员朋友解决了 Ag1 公司索要高额罚金的问题。他说：

　　我的朋友想要辞职。我为他找了律师方先生。方先生让他复印一份协议，然后让他去见经理，并且告诉他去了之后说些什么。我的朋友照做了，Ag1 公司的经理给了他证书，并且没要多少罚金。但是，当船员不怎么了解法律的时候，经理就会吓唬他们，扣留他们的证书，并且索要罚金。这很残酷。

与年轻船员不同，中老年船员的思维相对保守、落后。他们不懂得用法律来维护自己的权益，而且他们也不敢以任何方式反抗公司。据船员说，其中原因之一就是：他们觉得不管怎么样，他们都不会赢。一位大管轮说：

> 扣留船员的证书或要求高罚金来防止船员辞职是不合法的。公司没有这个权力。但我们起诉是否会赢？每个人都瞧不起船员。我们受到歧视。法律机构和国企也有关系，仅靠我自己怎么可能有能力和公司斗？我应该控告谁。我没办法。

一位轮机长说：

> 公司扣留船员的证书并且索要罚金是违法的。但是船员很难团结在一起。就算船员团结起来起诉公司也并不容易。

另一个原因与沉重的家庭负担有关，这造成船员没有大量的时间和精力去寻求公正。一位二副说：

> 因为需要钱，我无法与他们纠缠太长时间。我没时间也没有精力。对于我来说，最重要的是赚钱。第二重要的还是赚钱。第三重要的仍然是赚钱。

2010年前 Ag1 公司通过控制船员的证书、索要高额的罚金来防止船员流失，这样的管理方式存在着严重的问题。但是，当遇到问题的时候，只有很小一部分年轻船员会选择通过寻求法律帮助的方式进行抵抗，而中老年船员都会秉着"多一事不如少一事"的原则选择忍气吞声，安慰自己"破财消灾"。因此，当船员想要脱离国有船员劳务外派公司成为自由船员时，他们首先要思考，他们是否有能力负担如此巨额的罚金。最终，巨额罚金就像一座无法跨越的大山横在了他们成为自由船员的道路上。

不仅 Ag1 公司如此，Ag2 公司也采用高额罚金和行为保证金的方式来控制船员，阻止船员辞职。下一节将介绍这些管理战略，并分析它们是如何影响船员的自由流动的。

第三节　Ag2 公司的经济处罚机制

为了防止船员辞职，减少船员流失，2010 年前 Ag2 公司在合同（注册船员的正式合同和农民工高级船员的人员调配合同）的附件中增加了一项附加条款——如果船员在合同到期前辞职，他们必须缴纳罚金。

Ag2 公司 2006～2008 年高级船员流失严重。高级船员辞职后，公司的高级船员资源也无法通过外部招聘或内部提拔得到迅速的补充。因此，公司目前面临着这样一个窘境：高级船员严重短缺。为了留住现有的高级船员资源，公司规定，罚金金额大小与船员的级别有关。级别越高，船员要支付的罚金就越高。公司希望通过高额的罚金来束缚高级船员，以减少其流失。

表 10 - 1 列出了 Ag2 公司 2007 年不同级别船员辞职所对应的罚金。括号外的数额为每一级别船员要支付的基本罚金。另外，船员还必须返还代理费，这与公司派遣船员的次数有关。派遣的次数越多，代理费就越高。表 10 - 1 括号内的数据是公司规定的每一级别船员返还代理费的上限。

表 10 - 1　Ag2 公司 2007 年辞职船员的经济处罚金

单位：元

级别	罚金
船长	100000 （300000）

级别	罚金
轮机长	80000（280000）
大副/大管轮	60000（170000）
二副/二管轮	40000（120000）
三副/三管轮	20000（80000）
普通船员	10000

资料来源：Ag2 公司的人力资源部。

一些船员认为高额的罚金让他们很难从公司辞职。正如一位二副所说：

> 对于我来说，罚金太高了，我难以接受。但是，我如果不付罚金，就无法得到证书。每当我想要辞职的时候，这都是一大障碍。

一位船长说："如果你签合同，由于高额罚金，你就很难离开公司。"

船员抱怨道："经济处罚非常不合理。"首先，一些船员认为他们不应该支付给公司费用，因为每次公司派遣他们去工作，外国船东已经支付给公司费用了。其次，一些船员发现合同附件中规定了很高的罚金，并且附加了在船员不按约定支付经济处罚金时，公司可以扣留船员证书这一条款，这些条款均与《劳动法》《合同法》相违背。2008 年执行的《劳动合同法》中第 25 条规定，当员工提出离开公司的时候，雇主无权收取罚金，除非公司为员工支付了规定以外的额外培训费用，或者员工从事机密工作。公司也无权向员工索取任何管理费用或者扣留任何其他文件。因此，根据《劳动合同法》，船员只要提前一个月通知公司其打算离职，一个月后就拥有离开公司的权利而不需缴纳任何罚金，公司应该归还属于船员的所有文件。因此，船员认为 Ag2 公司关于罚金以及扣留船员文件的规定是不合法的。

但是，截至 2010 年尚未有船员对此项管理提出异议或进行维权反抗。这项不合法的规定在 Ag2 公司执行后，船员如果辞职，就必须缴纳经济处罚金，否则他们就无法得到 Ag2 公司控制的、本应属于他们的证书。尽管高额的经济处罚金无法完全阻止船员离开，但它仍发挥了一定的作用，成为一些船员离开公司的阻力。

第四节　Ag2 公司的行为保证金管理

当船员上岸休假的时候，Ag2 公司也扣留船员的证书，以防止船员寻找其他工作机会而影响公司船员方面的调度安排。为了确保船员提交证书，公司将船员的证书提交与行为保证金联系在一起。正如第七章讨论的那样，船员的海上工资分为两部分：一部分当船员在海上工作的时候支付给船员；另一部分为行为保证金。由于行为保证金被公司扣留，船员必须满足下面两个条件，公司才会退还给船员：第一，船员成功完成航行任务；第二，船员一上岸就立刻提交所有证书文件。

如果船员不及时提交他们的证书，公司就不向其支付行为保证金。另外，为了警戒和惩罚船员，公司还不会支付社会保险和注册船员的上岸工资。在采访中，一位二管轮说，因为他在其他公司工作了 4 个月而没有及时上交他的证书，结果公司扣了他的行为保证金，还有 6 个月的社会保险和他的上岸工资。

为了拿到行为保证金，船员只能按时提交他们的证书。没有证书，船员就无法在上岸休假的时候再为其他航运公司工作。一位大管轮说：

　　为了得到全部工资，在我上岸休假的时候，我的证书由公司保管，而不在我的手上。因此，我无法在其他公司工作，只能在家待着休息。

另外，当被问及上岸休假都做些什么的时候，一位三管轮说：

我们通常不工作，在家放松休息。公司严格控制着我们的证书，因此，没有什么机会去其他地方工作。

船员对行为保证金制度非常不满。一位船长说：

在一些国外船员劳务外派公司，船员的部分工资是上岸后支付的，不是在海上直接支付的。但是，这些钱是存在船员自己的账户里，不是在公司的账户里。

同时，行为保证金的计算方式并不明确，船员对此颇有意见。一位船员说：

我觉得扣留我们的部分工资作为行为保证金是有问题的。我不知道公司为我们的行程具体支付了多少钱，也不知道经理为什么要问我们要这笔钱。

另外一位曾经帮助公司做过一年管理工作的自由船员是这样解释的：

向船员索要的行为保证金总是高于实际花费。剩余的部分被公司扣留。

2008 年的《劳动合同法》第 60 条规定：劳务派遣公司不可以扣留雇主支付给员工的任何一部分工资，或者向员工索要任何管理费用。因此，Ag2 公司的行为保证金制度是不合法的。

尽管船员对这项制度不满，但是为了拿到所有工资，还必须遵守公司的管理制度。行为保证金使船员上岸后必须及时提交他们的证书，没有证书的船员很难在市场上获得其他工作机会。

尽管公司的种种政策在一定程度上阻碍了一部分船员的流失，但是从 21 世纪初开始，许多中国国有船员劳务外派公司仍然出现了高质量船员大量流失的现象。基于这一现象产生的"趋势理论"认为，中国船员将成为自由船员，中国船员的输出也将急剧增加。但是，船员辞职后是否如同"趋势理论"所假设的那样成为自由船员，在船员劳动力市场内自由流动呢？这些船员辞职后去向如何？下一节将分别研究 Ag1 公司和 Ag2 公司受过高等教育的年轻高级船员，以及 Ag2 公司的一些中老年船员辞职的原因；还将分析船员对于航海事业的看法，从而解释船员辞职后为何更青睐陆上工作。

第五节　年轻高级船员的离职

不管是在 Ag1 公司还是在 Ag2 公司，2006～2008 年受过高等教育的年轻高级船员流失问题都很严重。

例如，笔者从人力资源经理那里了解到，在 Ag1 公司，从 2004 年到 2008 年船员的流失率为 3% 左右。其中 35 岁以下受过高等教育的年轻船员占大部分，他们在 Ag1 公司工作不到 10 年。

正如第九章所分析的，年轻船员可以轻易放弃他们在国有船员劳务外派公司的工作，而一些年长的船员很难取舍。为什么年轻高级船员流失问题更为严重？

首先，对于受过高等教育的年轻高级船员来说，工作保障并不像对于年长的船员那么重要。一位 29 岁的船员说：

> 工作保障是重要，但不是我最关心的问题。有时候，待遇和职业发展对于我们来说更加重要。我想我会接受一项工资高、职业发展良好、没有良好工作保障的工作，而不是一项工作保障好、工资低、没有职业发展前景的工作。

　　在比较年轻高级船员和中老年高级船员的处境以及背景后，我们就可以理解他们对工作稳定性持有不同态度的原因。不同于中老年船员，大多数年轻船员不用照顾他们的父母，因为他们的父母都还在各自的岗位上工作，都还有工资保障。年轻船员中结婚或有孩子的很少，因此，与中老年高级船员相比，年轻高级船员的生活、家庭负担更小。另外，因为这些年轻船员的父母作为员工已经经历了经济改革带来的变化，他们对于稳定工作的依赖不像中老年船员的父母那样强烈。失去国有企业稳定的工作或者为私有船员劳务外派公司工作对于年轻船员的父母来说不像40岁以上船员的父母那样难以接受。因此，较小的家庭负担和家庭的理解支持使得工作的稳定性对于年轻高级船员来说不像对于中老年船员那么重要。

　　其次，关于福利问题，尽管福利对于中老年船员来说很重要（在第九章中已经详细讨论过），但是对于年轻的高级船员来说，特别是对那些拥有城镇户口的船员来说，国有船员劳务外派公司的社会保险和福利待遇不是他们主要关心的问题。一位三副说：

　　　　福利不是最主要的问题，因为养老金和一些医疗服务对于我来说还有些遥远。好的工作机会和职业发展是更加现实的问题。

一位三管轮说：

　　　　我不像中年或老年船员那样积攒了那么多的福利。所以，如果我离开公司，也没有损失多少。

　　除此之外，Ag1公司和Ag2公司受过高等教育的年轻高级船员离职还与他们受过的良好教育有关。笔者从受访船员那里了解到，由于他们具有良好的教育背景，他们在劳务市场中更有优势，从而有更多选择的机会。Ag1公司的工会主席对他们公司的这一情况解释说：

　　许多具有高学历的年轻船员认为他们在岸上工作的前景更好。我发现许多年轻的船员，特别是那些城市里来的，都很自信可以找到很好的陆上工作，因此离开了公司。对于那些船员，我很难做思想工作。他们占辞职船员的很大一部分。这对于公司来说是一大损失。

Ag2 公司的培训经理说：

　　现在一些具有高学历的年轻毕业生不难找到新的陆上工作。一些年轻船员进入 Ag2 公司，事实上是在等待陆上工作的机会。一旦他们得到了新的陆上工作，他们就会立刻离开 Ag2 公司。

　　因此，年轻的高级船员比年长的高级船员缺乏对工作保障、福利、家庭责任的担忧，他们对陆上工作充满兴趣和热情。这都是 Ag1 公司和 Ag2 公司具有高学历的年轻高级船员大量流失的原因。此外，在研究中，笔者惊奇地发现，与 Ag1 公司不同的是，Ag2 公司中年和老年船员辞职的现象也非常明显。在 Ag1 公司，尽管不乏中年和老年船员利用他们上岸休假的时间在市场上做一些临时的工作，但是他们没有辞职。是什么原因造成两家公司如此不同？下一节将就此现象进行研究。

第六节　Ag2 公司中老年高级船员的离职

　　在访谈中，Ag2 公司的总经理和人力资源经理多次抱怨公司中年和老年高级船员大量流失。Ag2 公司的总经理说：

　　一些非常优秀的资深高级船员流失严重。去年（2007 年）总共有 50 名资深高级船员辞职。

但是，他们中许多人从 Ag2 公司离职后并没有像"趋势理论"所假设的那样成为自由船员，而是转向了新的、稳定的陆上工作。Ag2 公司的培训经理说：

> 许多资深高级船员辞职去从事陆上工作。他们中 70%～80% 的人在离开公司前已经找到了稳定的工作，主要是船东提供的陆上工作。事实上，我们 70%～80% 的资深高级船员都是被我们的客户"拐跑"了。

Ag2 公司的一位轮机长说：

> 许多资深高级船员都辞职了。事实上，他们在辞职前就已经找到了更好、更稳定的工作。现在他们中许多人都已经成为他们曾经工作过的航运公司的经理。他们曾经都是非常优秀的船员。

Ag2 公司的调配经理解释了船东为什么会为这些船员提供这样好的工作机会。他说：

> 当他们第一天成为船员的时候，他们就在外国船舶上工作。10 年或 20 年之后，他们非常了解外国航运公司的管理。他们的长期工作经验也给了船东了解这些高素质船员的机会。我们许多船员的素质都很高，因此很容易得到船东赏识。当船东需要扩展业务，以期从良好的航运市场上获利的时候，这些高技能的船员就被雇用做陆上的管理工作，船东为他们提供非常高的工资待遇。

因此，Ag2 公司许多高素质的资深高级船员都辞去公司的工作，转做陆上工作。但是，考虑到 Ag1 公司中老年船员的低辞职率，我们不禁产生这样一个疑问：他们是否也像 Ag2 公司辞职的船员那样拥有如此好的陆上工作机会呢？如果是，又是什么促使他们抵抗住诱惑而选择留在公司的？

事实上，Ag1 公司很多优秀的、高素质的资深高级船员并未拥有这样的工作机会，没有船东为其提供像 Ag2 公司船员那样的工作岗位。在 Ag1 公司，高级船员服务的大多是来自航运公司的自有船舶。正如第六章所探讨的那样，航运公司经理的委任更主要的是取决于其社会背景，而不是素质或技能。因此，即使许多优秀的船员在航运公司工作 20 多年，但是由于缺乏关系或背景，很少有人仅仅因为个人的良好表现被提升到经理岗位。在这种情况下，Ag1 公司的船员转到陆上做管理工作的机会就相对较少。这从侧面反映了中国国有企业的管理不像外国航运公司那样灵活、公平，也进一步证明了中国国有企业改革在某些方面还存在局限性。

两家公司的中年和老年高级船员辞职率有所不同——Ag1 公司的船员辞职率低，而 Ag2 公司船员辞职率高，主要是因为 Ag2 公司的船员能够在辞职前找到更稳定的陆上工作。这也进一步说明工作保障对于中老年船员的重要性。由于自由船员的工作无保障，所以自由船员在中年和老年船员中不是一个受欢迎的选择。

本节通过讨论 Ag1 公司和 Ag2 公司船员的流失情况，发现在这两家公司中许多不同年龄的船员都在辞职后选择了陆上工作。是什么促使船员放弃海上工作而转向陆上工作呢？为了进一步解释这个问题，下一节将讨论船员对于自己职业的看法。

第七节　船员对自己职业的看法

Ag1 公司和 Ag2 公司的船员对海上工作给出了许多负面评价。首先，船员对工资表示不满。这使海上工作丧失了与目前陆上工作相比较的绝对优势。当回忆起 20 世纪 80 年代船员的工资优势时，一位二管轮说：

在 1988 年，一位普通陆上员工，比如工厂二级工人每个月赚 48.4 元，学徒赚 23 元。但是普通船员每个月能赚 80 美元（大概 640 元）。但是现在，许多陆上员工赚的都比高级船员高。船员的工资优势正在消失。

Ag2 公司的总经理解释说：

与陆上工作相比，海上工资的绝对优势已经不复存在。每年船长能赚 30000 美元（在海上工作 6~8 个月，每月的工资是 4300 美元）。根据个人经验和资历，他不难找到同样工资的陆上工作。

其次，船员还丧失了在 20 世纪 90 年代之前拥有的许多特权。这也使海上工作不像 20 世纪 80 年代那么具有吸引力，同时，船员的社会地位也在不断下降。Ag2 公司的总经理说：

在 20 世纪 80 年代，因为受政府直接控制，很少有人能够出国。因为船员可以出国，去不同的国家，所以航海成为一个热门的工作。另外，在中国没有建成市场经济的时候，国有企业提供的商品种类非常有限。许多人从未见过罐装食品或者饮料，但是船员有机会得到这些"时尚"商品。许多中国人在那时候从未见过美元，但是船员可以得到外国货币。因此船的社会地位很高，许多人想成为船员而不愿意在办公室做陆上的管理工作。

但是现在，出国很容易。旅行社可以帮助个人办理需要的所有证件。另外，中国市场上的物资也很充足。在中国大部分主要城市都可以找到外国食品和餐馆。因此，船员的优势已经不复存在，航海不再是一个吸引人的工作。

再次，据船员讲，航海还是一项非常艰苦和危险的工作。船员抱怨在船上工作负担重。一位二副说：

> 航海是一项非常艰辛的工作。船员总是感觉很累。我们没有周末或者固定的休息时间。尽管一些国际法限制工作时间，但是连续工作数个日夜对于我们来说很平常。

一位船长说：

> 船上的工作压力很大。当船到港的时候，压力甚至会更大。需要应付各种检查、快速补给、卸货。有时候我们要连续工作两三天，不能休息。如果年轻，还可以忍受。但是当你50多岁的时候，你就开始觉得无法忍受这繁重的工作量。

一位轮机长说：

> 我们的工作环境很糟糕，特别是震耳欲聋的噪声。这项工作又脏又累。有时候我们需要在这样的环境下连续工作20多个小时。在这之后，即使你有时间睡觉，你也睡不好，因为感觉轮机的噪声还在你耳边嗡嗡作响。

正如第七章和第八章所提到的那样，2006～2010年，尤其在2007年、2008年Ag2公司高级船员短缺，为了满足公司的生产需求，只能增加船员的工作时间和工作量，压缩他们上岸休假的时间。海上繁重的工作以及假期不足导致许多船员生病或精神不振。一位轮机长说：

> 当在船上工作的时候，我总是很忙，压力很大。这主要是因为我在船上的责任。我需要考虑、担心很多事情，比如发动机故障、

船到港时的设备检查，以及对其他船员的监督。在回家后，两个月内我都无法从船上工作造成的疲惫中恢复过来。如果我航行 7 个月或 8 个月，我至少要花 3 个月的时间才能恢复。另外，当我卸下沉重的负担的时候，我会病一阵子。我有很多疾病，例如脂肪肝、胆结石、胆囊炎、肾囊肿、腰椎间盘突出、颈椎病和偏头痛。现在我虽然赚了一些钱，但是最后都得用来看医生。船员长寿的很少。很少有船员能活到 80 岁。我认识的许多船员 60 多岁就去世了。

最后，船员还抱怨在船上工作时伙食或住宿等基本生活条件差，缺少娱乐设施，工作生活单调枯燥。一位普通船员在谈论海上工作时说：

在海上很少能吃到绿色或新鲜蔬菜。船上的饭菜不好。我们吃的食物品种有限，例如海产品、土豆、洋葱、卷心菜和鸡肉。几乎一年到头都是这样，一些食品冷冻了很长时间，已经失去了食物原有的味道。另外，很多厨师不擅长做饭，他们并没有经过专业的培训，大部分是凭借着与经理等其他高管的亲戚关系才能上船当厨师。做的饭口味不好、食物品种也少，所以我们吃的也不好。

一位 28 岁的三管轮说：

当我们在船上工作生活的时候，就像被关在小铁笼里，不停地工作。生活很枯燥，缺少娱乐和配套设施。例如，对于我们来说上网很困难，因为只有船长可以使用网络。另外，尽管有卫星电话，但是对于我们来说太贵了。我们只有在传统春节的时候才使用。船上的生活既孤独又无聊。我不想长期在海上工作。

每个年龄阶段的船员都提到了海上工作对家庭或个人恋爱所产生的负面影响。一些 30 岁左右或不到 30 岁的船员认为，因为海上工作，找女朋友和结婚也许会成为问题。一位 29 岁的三管轮说：

> 船员的社会地位现在很低。我们辛苦工作赚钱。许多人称我们为体力劳动者，或者将我们等同于流动工人。另外，我们经常 8～10 个月不在家，孤单，缺乏关爱。我们不是富人，既不能给予女孩儿充足时间的陪伴，也不能给女孩儿买昂贵的礼物。还有，当我们在船上工作的时候，我们面对的只是茫茫大海，和一切隔绝，我们无法与社会的快速发展保持一致。所以我们很难表现得既聪明又吸引人：我更像老农民，对现代社会了解甚少。因此，许多女孩儿和他们的父母瞧不起船员。由于工作本身的性质，一些女孩儿的父母禁止她们和船员发展关系。现在船员很难娶到好女孩儿。

一些成了家的中年船员说他们在海上时最想念他们的家人，特别是孩子。一位 36 岁的普通船员说：

> 对于许多船员来说，航行到最后都很难维持一个完整家庭。离婚在船员中很普遍，因为我们和家人在一起的时间很少，因为我们不那么富裕也不那么有权，而是做着又脏又累的活。我们也没有多少时间和朋友在一起……我非常想念我的家人，特别是两年前我有了女儿。当她见到我的时候，她总是喊"爸爸、爸爸"，抱着我，亲亲我。当我想起这些的时候，就很后悔成为一名船员。但是我仍然必须做我的工作，赚钱养家，因为我对陆上的工作了解得很少……当我 50 岁的时候，再回想我的工作经历，我会发现我浪费了 20 年在海上，我不比普通人有钱，也没有他们幸福。如果我足够幸运，我仍然会拥有我的女儿和妻子。如果不的话，我将一无所有。

一位 60 岁的老船员对他的家人感到十分抱歉。他说：

我最好的时光都在海上度过了。我欠家人很多。在船上工作很辛苦。如果我发现有陆上的工作，每个月能赚几千块钱，我就会去陆上工作。因为那时我就能过上正常的生活，与家人在一起，每天照顾他们。而且我还将远离海上工作的危险。对于船员来说，很难拥有完整的家庭。

因此，船员认为他们的工作并不舒适。他们还表示除非没有其他选择，否则不会推荐其他人成为船员。一位大管轮说：

我不推荐其他人成为船员，因为我不想害他们……好的工作机会都在陆地上，不在海上。特别是考虑到普通船员，他们工作为了赚钱，工作涉及的技能很少，他们无法积累丰富的经验。

当了几乎30年的船员，我发现很少有人热爱这份工作。大多数船员都是为了赚钱，或者因为他们年轻的时候就从事这份工作，对别的工作不了解。现在城市里很少有人想成为船员。

一位二副说：

对于船员来说最高兴的就是航行结束回家，与家人在一起。我不会建议我的孩子或朋友成为船员，因为我们为工作付出的太多。

当谈论起船员对于海上工作的看法时，经理和船员的观点反复表明：年轻船员缺乏对航海的兴趣与热情。Ag1公司的工会主席说：

许多年轻船员不喜欢航海。据我所知，学习航海或成为船员不是他们的第一选择。他们中一些人成为船员是因为他们别无选择。例如，一些人如果不学习航海，那么他们就没有机会接受高等教育；一些人是被教育局在全国高考的时候统一分配去学习航海的；

还有一些船员特别是农民工船员缺钱，所以他们不得不由于航海专业的低学费而去学习航海。

事实上，年轻船员对航海缺乏兴趣这一问题不仅局限于本书研究的这两家船员劳务外派公司。在中国，航海这一职业从总体上就对年轻人缺乏吸引力，而这一情况在城市比在农村更加明显，在发达的沿海城市比在偏远的内陆城市也更明显。根据国际船员研究中心对中国目前现有船员的调查，海事培训和机构注册的绝大部分船员都是农村户口。2001年大连海事大学录取了746名新生，其中70%的学生来自内陆省份。同年，大连海事大学和上海海事大学均未能够从大连或上海录取任何学生（Shen and Zhao，2001）。

但是大量研究发现，即使是那些航海专业的海事院校学生，也不想长期从事海上工作。一项针对中国四所顶尖海事大学四年级学生的调查研究（徐红明、胡琦，2005）表明，大多数学生（53.1%）在毕业后不想成为船员，而更想选择其他的岸上工作；46.9%的学生想在毕业后成为船员，其中只有不到20%的学生表示想将航海作为终身职业。这一发现与黄纯辉、方芳（2005）的结论一致：在拥有本科学历的高级船员中，50%的人在海上工作5年后转到岸上工作，70%~85%的人在海上工作10年后转到岸上工作。

分析表明，船员特别是年轻高级船员对海上工作不满意（沈关宝等，2005）。因此，当他们遇到更好的岸上工作机会时，就会毫不犹豫地离开国有船员劳务外派公司，转到岸上工作。

第八节　小结

正如 Nichols（1980）所指出的，"自由雇佣劳动力"的一个重要标准就是工人不仅可以自己选择雇主，还可以自由离开。但是案例研究发现，2006~2008年 Ag1 公司和 Ag2 公司使用了相似的方法来防止船员辞职，比如：当船员上岸休假的时候，扣留船员的证书；规定船员在合同结束前辞职要缴纳经济处罚金。尽管这些方法无法完全阻止船员离职，但是船员确实会在不同程度上被这些离职条件所束缚，成为他们离职的一大障碍。根据这一现象，可以认为"市场改革导致船员成为自由船员，从而造成船员劳务输出的潜在增长"的观点是没有说服力的。

　　本章还分析了 Ag1 公司和 Ag2 公司年轻船员以及 Ag2 公司中老年船员辞职的原因。研究发现船员从国有航运公司辞职并不意味着他们必然成为自由船员。这也从另一方面证明了"趋势理论"没有说服力。

　　对两家公司的研究发现，许多辞职的船员都转到陆上工作，为了解释这一现象，本章分析了船员对于航海这一职业的看法。分析表明，航海这一职业的受欢迎程度正在降低。船员遇到很多问题，例如较低的社会地位、较差的工作环境、沉重的工作负担以及工资与陆上工作相比没有明显优势。因此，对于一些船员来说，当他们拥有良好的陆上工作机会时，就会离开船员劳务外派公司，离开船员劳务市场，去从事陆上工作，而不是成为自由船员进入船员劳务市场。这与发达的欧洲国家船员劳务市场曾经发生的情况类似，这些国家由于经济的发展，海事劳动力数量明显下降。尽管本书研究的内容尚未明确表示截至 2010 年中国已经经历或即将经历船员劳动力数量大量下降，但是案例研究清楚地表明，越来越多的船员在辞职后会选择陆上工作，而不是成为自由船员在全球劳务市场上工作。这证实了，由于经济改革和经济形势的变化，船员这一工种在中国的受欢迎程度下降这一趋势。

结　论

　　从 20 世纪 90 年代初到 21 世纪前十年，拥有船员劳务外派资格的中国船员劳务外派公司数量从不到 10 家增长到 60 多家，在全球劳务市场上工作的中国船员数量增加了近 4 倍。尽管如此，从 2000 年开始，中国船员每年的劳务输出数量并没有大幅增长，而是保持在每年 4 万人左右的输出数量（鲍君忠、刘正江，2008）。到 2003 年，在国际劳务市场上工作的中国船员数量仅占全球劳务市场船员劳务数量的 6.1%（Ellis and Sampson，2008）。21 世纪初期，中国船员劳务输出只占菲律宾船员劳务输出的 1/4 或 1/5（鲍君忠、刘正江，2008；Philippine Overseas Employment Administration，2007a，2007b）。中国船员每年的劳务输出远远低于国际航运业和一些学者的预期（波罗的海国际海运理事会/国际航运联合会，1995；Li and Wonham，1999；Sharma，2002；吴斌，2007）。

　　本书旨在对中国船员劳务输出增长有限这一现象进行研究。本书基于 2006～2010 年对在中国船员劳务外派业务企业中占主导地位的两家国有船员劳务外派公司的实地调研，通过分析这两家公司船员的招聘、船员劳务外派公司的劳务输出战略及其对船员造成的相关影响，得出以下四个结论：第一，国有船员劳务外派公司缺少市场导向；第二，中国船员劳动力市场很难被定义为一个自由的市场；第三，劳务自由流动存在阻碍；第四，对于中国船员来说，国际劳务市场与国内劳务市场相比工资优势不明显，在全球劳务市场中工作缺少经济激励。

一　国有船员劳务外派公司缺少市场导向

在案例研究中发现，由于上级机构的干预，两家公司在不同程度上缺少以市场为导向的管理方式，直接造成了船员的短缺，从而限制了船员劳务外派业务的发展。因此，中国船员劳务外派公司并非人们所设想的那样以市场为导向、独立自主经营，这在一定程度上制约了企业的发展，从一方面解释了中国船员劳务输出增长有限的原因。

中国经济改革的目标之一是下放政府权力，实现企业自主经营，使企业成为以市场为导向的经济体。在中国 30 年的经济市场化和私有化改革的背景下，一些学者（Li and Wonham，1999；Sharma，2002；吴斌，2007）认为中国船员劳务外派公司已经成为以市场为导向的企业，但是没有提供充分的证据来证明这一观点。在本书的研究中，根据船员劳务外派公司的实际案例得到了不同的结论：政府和上级机构对国有船员劳务外派公司存在一定程度的干预，现有经济改革的程度对船员和船员劳务外派业务存在一定影响。案例分析中的两家船员劳务外派公司均进行了不同程度的改革，对它们的研究反映了当代中国船员劳务市场上非常重要和活跃的两家船员劳务外派公司的经营状况。

Ag1 公司尽管已经注册为一家独立的企业，但是仍受到政府部门和其母公司的支持和限制。由于对这些支持的依赖，Ag1 公司没有完全对其业务状况和经营成果负责，经理不需要担心他们的工作保障，他们无须通过机构改革来提高市场效率。这也解释了公司在人力资源管理方面缺少市场导向，从而造成了公司所需船员的劳务短缺。

特别是第四章所列出的，船员调配、培训和晋升管理仍然沿用 20 世纪 80 年代的方法，造成一些船员缺少工作机会，船员劳务资源也无法按照公司的实际需求灵活使用；另外，公司没有进行有效的培训来提高船员的质量，也没有有效的晋升管理办法使船员得到及时晋升的机会。

Ag1 公司还无法提供给高级船员随市场水平浮动的工资。通过第五章的分析，本书得到以下几点原因：总公司对福利待遇的控制；机构精简失败，导致机构臃肿、经理众多；非工资福利的高成本；注册普通船员的高工资和高水平非工资福利待遇。第五章还讨论了为了提高船员的工作积极性，Ag1 公司进行了工资体系改革，但是改革结果与改革初衷相违背，造成船员工资管理不公平。第六章还揭示了，缺乏对经理的管理体系的改革，造成经理对船员不公平对待、态度恶劣的问题。

由于这些问题，尽管一些船员仍然在 Ag1 公司登记注册，但是他们在上岸休假的时候临时到国内其他航运公司工作。当 Ag1 公司需要派遣他们的时候，这些船员无法为公司工作。由于上述原因，Ag1 公司在劳务外派业务急需用人的时候，出现船员短缺的问题。为了保障 Ag1 公司的母公司的充分配员，母公司要求 Ag1 公司停止其大部分船员劳务外派业务，导致 Ag1 公司船员劳务外派业务急剧下降。

通过分析可以看出，Ag1 公司在性质上是其航运公司的附属公司，受到航运公司的干预，阻碍了 Ag1 公司管理改革和船员劳务外派业务的增长。然而，与 Ag1 公司不同的是，Ag2 公司是独立的国有船员劳务外派公司，但研究表明其经营管理仍然受到上级有关机构的干预。

第七章的研究发现，Ag2 公司改革了管理战略以发展经济。但是，总公司对 Ag2 公司利润分配的干预导致其无法支付给船员具有市场竞争力的工资，造成一些高级船员辞职。如同第八章所见，尽管 Ag2 公司试图通过实施新的战略来减少离职率，但是经理对这些战略的实施力度较小，进一步导致 Ag2 公司船员短缺，也限制了 21 世纪初期船员劳务外派业务的增长。

因此，尽管进行了经济改革，但是 Ag1 公司和 Ag2 公司受到其上层机构的干预在不同程度上缺乏市场导向，造成公司面临船员短缺问题，限制了船员劳务外派业务的发展。Ag1 公司和 Ag2 公司是中国最具影响力的船员劳务外派公司中的两家。对这两家公司的研究表明，中国船员劳务外派公司没有像人们所预想的那样通过改革取得了较大的成绩或实现了以市场为导向（Li and Wonham，1999；Sharma，2002；吴斌等，

2007）。这也在一定程度上解释了中国船员输出增长率有限的原因。

二　中国船员劳务市场缺乏开放性

在政府的干预下，航运产业的人力资源部门改革比航运业的其他部门和中国其他产业改革速度慢；中国船员劳务市场的有限开放程度导致中国船员劳务输出的增速比国际航运业和一些学者所预期的慢。

中国航运业在许多方面都已经进行了改革，特别是在航运能力和航运基础设施建设方面发展迅猛。但是，如同在第二章中所看到的那样，船员劳务市场的改革似乎相对落后。到 2010 年为止，外资船员劳务外派公司还不被允许在中国建立。尽管在 2004 年允许建立私有船员劳务外派公司，但是这些公司大部分都因注册标准太高而在政策颁布初期无法注册劳务外派业务；相比之下，2008 年前由于得到不同级别政府机构的支持，60 家国有船员劳务外派公司控制着船员劳务资源的绝大部分，垄断着船员劳务外派业务。这造成大多数私有船员劳务外派公司无法与国有船员劳务外派公司在船员输出方面竞争，只能保持在边缘化的状态。

因此，尽管进行了经济改革，在 2010 年前经济自由化对中国船员劳务市场影响不大。之前的研究强调了市场表面发生的变化（例如上百家私有船员劳务外派公司的出现，以及中国船员到外国船舶上的工作机会），但事实上，由于政府对中国航运业的保护，国有船员劳务外派公司继续主导着船员劳务市场，船员劳务市场也没有实现真正的自由化和开放。对私有船员劳务外派公司和外资船员劳务外派公司开展劳务输出业务的限制是中国整个船员劳务输出业务发展滞后的一个重要因素。

三　船员在劳动力市场自由流动的障碍

本书案例分析表明，很难将中国船员定义为"自由的船员"。事实上，大量的社会、经济和制度因素约束船员离开国有企业成为自由船员。而"趋势理论"认为"中国船员将不断成为自由船员，成为全球船员市场组成部分的重要因素"，这一观点缺乏相关理论支持，与本书研究成果相悖。

随着中国的经济改革，特别是雇佣体系的改革，中国船员被赋予自由选择雇主的权利。一些学者认为，受到国外船舶优厚工作条件的吸引，中国船员离开国有企业成为自由船员在全球劳务市场工作将成为趋势，中国船员劳务输出将大幅增长（吴斌，2003，2004a，2004b，2005；吴斌等，2007）。

"自由雇佣劳动力"的一项重要标准就是可以自由选择和离开雇主。第十章分析了 Ag1 公司和 Ag2 公司如何阻止船员向劳务市场流动，以及如何运用管理战略控制船员。尽管这些方法无法完全阻止船员离开，但是给船员自由流动造成了困难，因此也很难将中国船员定义为"自由的船员"。

另外，第九章的案例分析也表明，当船员考虑离开国有企业的时候，他们担心损失国有企业提供的福利待遇，比如工作保障、良好的福利、证书申请服务、工资保障以及安全的海上工作环境。

因此，对于船员来说，放弃国有企业提供的福利成为独立的自由船员，并不是一个容易的选择。当谈论到离开国有企业成为自由船员的时候，不同级别、年龄、背景和来源的船员均存在不同的考虑。其考虑不仅局限于劳务外派公司的管理，还与一系列问题有关，包括船员在劳务市场的地位、他们的经历以及他们的个人期望等。

例如，劳务外派公司为具有农村户口的农民工船员提供的福利比为具有城镇户口的注册船员提供的福利少。当 Ag1 公司和 Ag2 公司向农民工船员许诺会为他们提供机会成为注册船员时，他们表现出极大的兴趣，对公司产生强烈的依赖。另外，不同于高级船员，普通船员技术水平低，在国内和国际船员劳务市场上大量剩余。因此，当 Ag1 公司和 Ag2 公司为注册普通船员提供稳定的工作和福利时，普通船员觉得很满意，很少有普通船员从公司辞职。再者，中老年船员依赖国有船员劳务外派公司的良好福利和工作保障，除非他们能够获得更好的工作机会，否则很少有人离开。最后，没有高等学历的船员，包括年轻船员，由于他们没有良好的教育背景，缺乏竞争力，也很少有人从公司辞职。这些船员为公司提供了稳定的劳务资源，因此非常受雇主欢迎。

第十章进一步研究发现，许多从劳务外派公司辞职的船员并没有成为自由船员，而是由于对海上工作的不满转到陆地上工作。分析表明，船员从国有船员劳务外派公司辞职并不意味着他们必然成为自由船员。因此，"趋势理论"认为"中国船员将成为自由船员在全球劳务市场上工作，中国船员输出将大幅增长"，这样的论断缺乏准确性。

四　全球劳务市场比国内劳务市场的经济优势少

截至 2010 年，中国船员在全球劳务市场上工作的工资与在国内劳务市场上工作的工资相比没有明显优势。在一些情况下，全球劳务市场上的工资甚至比国内劳务市场上的工资还低。这也给中国船员向全球劳务市场的输出带来了负面影响。

在 2006～2010 年，尤其是 2007～2008 年，被派遣到外国船舶上工作的中国船员的工资已经不再必然高于在国内劳务市场上工作的船员的工资，第五章和第七章的分析解释了这一情况。其他研究人员发现，国内劳务市场工资越高，就越会对船员劳务输出产生负面影响。例如，沈关宝等（2003）认为，当与国内船员劳务市场上的工资比较的时候，中国船员在全球劳务市场上的工资没有优势，这导致国有船员劳务外派公司的船员对到外国船舶上工作缺乏兴趣。吴斌（2004b）的一些采访数据也证明了这一观点。他的调查研究表明，尽管国外公司待遇好，但是在国外船队工作的工资未必高于在国内船队工作的工资。造成这一现象的原因似乎并不是国内航运公司可以提供比全球劳务市场同等或更高的工资，而是因为中国船员劳务外派公司允许外国航运公司支付给他们雇佣的船员低于国际标准的工资。这导致中国船员在全球劳务市场的工资低于外国船员的工资，与国内劳务市场相比也不具有优势（Zhao，2000b；印绍周、李冰、尹庆，2008）。Zhao 和 Amante（2003）分别研究了被大型国有航运公司雇用在远洋船舶上工作的船员的工资，认为他们的平均工资比菲律宾船员的工资低 35.8%（Zhao and Amante，2003）。

外国航运公司和中国航运公司可以压低船员工资的一个重要原因就是中国缺乏对船员的保护。到目前为止，中华总工会未与任何国际工会组织签订过任何协议。正如第六章和第八章所提到的，中国船员缺乏劳资谈判权力来提高他们的雇佣条件，工会也不能很好地代表船员的利益。

另外，从 2000 年开始，由于航运业发展对船员劳务的大量需求，国内航运公司快速提高了船员的工资。

综上种种原因，被外国公司招聘的船员工资与国内劳务市场工作的船员工资相比没有明显优势，阻碍了船员劳务输出。

本书通过研究表明，中国船员劳务外派业务发展低于预期的一个主要原因是中国船员劳务市场改革的局限性，体现在以下几个方面：船员劳务自由流动存在阻碍；船员劳务输出业务缺少市场竞争；国有船员劳务外派公司的市场导向性弱；中国船员在全球劳务市场的工资低。为了促进船员劳务输出业务的发展，可以尝试在以下几方面做出改变。

正如前面所分析的那样，限制船员自由流动的因素包括船员对劳务外派公司的依赖以及国有船员劳务外派公司对船员流动的控制。中国社会保障制度的完善、国有企业提供福利的减少以及市场规则的出台和实施，都将会有效地帮助和促进船员在劳动力市场的自由流动。

另外，航海这一职业受欢迎程度正在逐渐降低，造成船员从船员劳务市场流失，减缓了船员劳务的自由流动。为了提高航运这一职业对船员的吸引力，新的改革也很重要，例如为船员建立社会保险体系（包括养老保险、医疗保险、工伤保险和失业保险等），减少船员的工资所得税，将船员的工资与国际工资标准挂钩，简化海事证书申请流程等。

本研究发现那些有劳务外派资格的国有船员劳务外派公司改革程度仍然十分有限。Walder（1986）在 20 世纪 80 年代中期所阐述的共产主义的新传统主义（即工人在政治上依赖公司、在个人层面依赖经理）

依然存在并限制了自由市场的发展。即使在 21 世纪初，中国的航运业也存在类似情况（更多细节参见第四、第六、第八、第十章）。国有船员劳务外派公司缺乏市场竞争，市场导向性低，这与政府对中国航运业的保护和支持有关。

因此，为了提高船员劳务外派业务的市场竞争力和增强国有船员劳务外派公司的市场导向性，国家要减少对中国船员劳务市场的控制，这一点至关重要。但是，这一观点对中国经济整体发展是否有利则是另外一个问题。

参考文献

鲍君忠、刘正江：《中国航海教育和培训体系》，载深圳国际海事论坛组委会编《2008 深圳国际海事论坛论文集》，人民交通出版社，2008。

陈细民：《贯彻人性化执法理念，促进海员事业发展》，载深圳国际海事论坛组委会编《2008 深圳国际海事论坛论文集》，人民交通出版社，2008。

顾剑文：《市场经济的产物——专业船员公司》，《世界海运》2002 年第 3 期。

顾剑文：《中国船员成规模进军国际船员市场尚需时日》，《世界海运》2007 年第 1 期。

韩杰祥：《开源减流，为航运业可持续发展提供人才保障》，载深圳国际海事论坛组委会编《2008 深圳国际海事论坛论文集》，人民交通出版社，2008。

黄纯辉、方芳：《远洋高级船员的流失问题及对策分析》，《广州航海高等专科学校学报》2005 年第 2 期。

黄国勇：《抓住机遇，迎接挑战，推动中国海员外派事业的健康发展》，载深圳国际海事论坛组委会编《2008 深圳国际海事论坛论文集》，人民交通出版社，2008。

黄忠国、宁伟：《出台外派船员合同范本和审核制度的必要性研究》，载深圳国际海事论坛组委会编《2008 深圳国际海事论坛论文集》，人民交通出版社，2008。

交通部：《1999 中国航运发展报告》，2000。

交通部：《2001 年公路水路交通统计分析报告》，2001。http://www. moc. gov. cn/05tongji/tongjifx/t20031117 _ 14950. htm，最后访问日期：2007 年 9 月。

交通部：《2002 年公路水路交通统计分析报告》，2002。http://www. moc. gov. cn/05tongji/tongjifx/t20031117_14953. htm，最后访问日期：2007 年 9 月。

交通部：《2003 年公路水路交通统计分析报告》，2003。http://www. ce. cn/cysc/jtys/haiyun/200704/23/t20070423 _ 11134588. shtml，最后访问日期：2007 年 9 月。

交通部：《2004 年公路水路交通统计分析报告》，2004。http://www. moc. gov. cn/05tongji/tongjifx/P020050620407151715299. doc，最后访问日期：2007 年 9 月。

交通部：《2005 年公路水路交通统计分析报告》，2005。http://www. moc. gov. cn/05zhuzhi/zongheghs/guihuasigzdt/t20060518 _ 33155. htm，最后访问日期：2007 年 9 月。

交通部：《2006 年公路水路交通统计分析报告》，2006。http://www. ce. cn/cysc/jtys/haiyun/200704/23/t20070423 _ 11134588. shtml，最后访问日期：2007 年 9 月。

交通部：《2007 年公路水路交通统计分析报告》，2007。http://www. moc. gov. cn/zhuzhan/tongjixinxi/fenxigongbao/tongjigongbao/200804/t20080418_480524. html，最后访问日期：2008 年 9 月 2 日。

交通部：《2008 年公路水路交通统计分析报告》，2008。http://www. moc. gov. cn/zhuzhan/tongjixinxi/fenxigongbao/tongjigongbao/200904/t20090429_577812. html，最后访问日期：2009 年 11 月 13 日。

交通部：《2009 年公路水路交通统计分析报告》，2009。http://www. moc. gov. cn/zhuzhan/tongjixinxi/fenxigongbao/tongjigongbao/201004/

t20100430_681272. html，最后访问日期：2009 年 11 月 28 日。

金碚主编《企业蓝皮书：中国企业竞争力报告》，社会科学文献出版社，2003。

李海燕：《关于建立和健全船员激励机制的理论探讨》，载深圳国际海事论坛组委会编《2008 深圳国际海事论坛论文集》，人民交通出版社，2008。

李江涛、蒋年云主编《广州白云区汽车销售市场发展研究》，载《2005 年：中国广州经济发展报告》，社会科学文献出版社，2005。

李黎：《我国企业并购重组的问题及对策》，《管理科学文摘》2003 年第 3 期。

李明充、章淑华：《广州汽车产业发展现状与对策研究》，载《2005 年：中国广州经济发展报告》，社会科学文献出版社，2005。

李勇、赵玉良：《2008 中国船员现状分析与发展对策探讨》，载深圳国际海事论坛组委会编《2008 深圳国际海事论坛论文集》，人民交通出版社，2008。

李忠海：《中国船员对外劳务输出的现状及发展策略》，《世界海运》2006 年第 1 期。

刘仕锋、贾婷婷：《关于我国海员科学发展的思考》，载深圳国际海事论坛组委会编《2008 深圳国际海事论坛论文集》，人民交通出版社，2008。

刘正江、吴兆麟、李桢等：《中国应对高素质船员可持续发展的对策》，载深圳国际海事论坛组委会编《2008 深圳国际海事论坛论文集》，人民交通出版社，2008。

马雷、许文义：《浅谈高素质海员和可持续发展》，载深圳国际海事论坛组委会编《2008 深圳国际海事论坛论文集》，人民交通出版社，2008。

钱振为主编《21 世纪中国汽车产业》，北京理工大学出版社，2004。

芮明杰、陶志刚主编《中国产业竞争力报告》，上海人民出版社，2004。

上海证券报：《统计局：前 11 月全国工业企业利润同比增幅近 50%》，2010。http://www.cnstock.com/index/gdxw/201012/1069489.htm，最后访问日期：2010 年 11 月 28 日。

沈关宝、赵明华、李聆等：《中国海员》，上海大学出版社，2005。

王巍主编《中国并购报告》，人民邮电出版社，2003。

王巍主编《中国并购报告》，人民邮电出版社，2004。

徐红明、胡琦：《我国高级船员供需现状及对策》，《世界海运》2005 年第 3 期。

印绍周、李冰、尹庆：《论〈2006 年海事劳工公约〉对我国海员的影响》，载深圳国际海事论坛组委会编《2008 深圳国际海事论坛论文集》，人民交通出版社，2008。

张志锋、赵颖磊：《海员劳动力市场与中国高级海员的国际竞争力》，载深圳国际海事论坛组委会编《2008 深圳国际海事论坛论文集》，人民交通出版社，2008。

中国国家统计局：《按登记注册类型和细行业分职工人数（2008 年底）》，2009c。http://www.stats.gov.cn/tjsj/ndsj/2009/html/E0409e.htm，最后访问日期：2010 年 11 月 28 日。

中国国家统计局：《货运量》，2009a。http://www.stats.gov.cn/tjsj/ndsj/2009/html/P1508e.htm，最后访问日期：2010 年 11 月 15 日。

中国国家统计局：《民用运输船舶拥有量》，2009d。http://www.stats.gov.cn/tjsj/ndsj/2009/html/P1530e.htm，最后访问日期：2010 年 11 月 15 日。

中国国家统计局：《全国规模以上工业企业主要经济指标》，2009b。http://www.stats.gov.cn/tjsj/ndsj/2009/html/N1301e.htm，最后访问日期：2010 年 11 月。

中国国家统计局：《私人运输船舶拥有量》，2009e。http://www.stats.gov.cn/tjsj/ndsj/2009/html/P1531e.htm，最后访问日期：2010 年 11 月 15 日。

中国国家统计局：《沿海规模以上港口货物吞吐量》，2009f。http://www. stats. gov. cn/tjsj/ndsj/2009/html/P1533e. htm，最后访问日期：2010 年 11 月 15 日。

中国劳动和社会保障部：《社会保障发展统计公报》，2006。http://www. molss. gov. cn/gb/zwxx/2006 – 06/12/content_119277. htm。

中国远洋公司：《COSCO News: Splendid Career, Shipping Giant》，2004。http://www. cosco. com/cn/news/detail2. jsp? docId = 3079，最后访问日期：2009 年 3 月 16 日。

中国远洋公司：《中远历史》，2010。http://www. cosco. com/cn/about/history. jsp? leftnav = /1/2，最后访问日期：2009 年 3 月 15 日。

Allan, G. , and Skinner, C. , *Handbook for research students in the social sciences* (New York: Falmer Press, 1991) .

Beck, M. P. , "Dualism in the German labour market? A nonparametric analysis with panel data," *American Journal of Economics and Sociology* 57 (1998) .

BIMCO, ISF, *The Worldwide Demand for and Supply of Seafarers Manpower Update: Main Report* (The University of Warwick Institute for Employment Research, 1995) .

Blecher, M. J. , "Hegemony and Workers' Politics in China," *The China Quarterly* 170 (2002) .

Bodmer, F. , "The Effect of Reforms on Employment Flexibility in Chinese SOEs, 1980 – 94," *Economic of Transition* 10 (2002) .

Braun, W. H. , and Warner, M. , "Strategic Human Resource Management in Western Multinationals in China: The Differentiation of Practices across Different Ownership Forms," *Personnel Review* 31 (2002) .

Buo, B. , "M&As in China's pharmaceutical industry," *Modern Management Science* 2 (2004) .

Chan, A. , "Strikes in China's export industry in comparative perspective," *The China journal* 65 （2011）.

Chan, C. S., "Honing the desired attitude: ideological work on insurance sales agents," *Working in China: ethnographies of labor and workplace transformation*, ed. Lee, C. K. （London: Routledge, 2007）.

Chen, F., "The Privatisation and its Discontents in Chinese Factories," *The China Quarterly* 185 （2006）.

Chen, H., et al., *Manufacturer – supplier Guanxi strategy: An examination of contingent environmental factors*, （Industrial Marketing Management, 2011）. Available at : http://www. sciencedirect. com/science? _ob = Article-URL&_udi = B6V69 – 51WV6VY – 1&_user = 129520&_coverDate = 01% 2F08% 2F2011&_rdoc = 1&_fmt = high&_orig = gateway&_origin = gateway&_sort = d&_ docanchor = &view = c& _ searchStrId = 1713755327& _ rerunOrigin = scholar. google& _ acct = C000010758& _ version = 1& _ urlVersion = 0& _ userid = 129520&md5 = 9291d030ef6a68af3991906957f8e74b&searchtype = a.

Child, J., *Management in China during the Age of Reform* （Cambridge: Cambridge University, 1994）.

Chua, R., et al., "Guanxivs networking: Distinctive configurations of affect – and cognition – based trust in the networks of Chinese vs American managers," *Journal of International Business Studies* 40 （2009）.

Cooke, F. L., and He, Q., "Corporate social responsibility and HRM in China: a study of textile and apparel enterprises," *Asia Pacific Business Review* 16 （2010）.

Cooke, F. L., *Competition, Strategy and Management in China* （Basingstoke: Palgrave Macmillan, 2008）.

Cooke, F. L., *HRM, Work and Employment in China* （New York: Routledge Press, 2005）.

Cooke, F. L., "Acquisitions of Chinese State – Owned Enterprises by Multinational Corporations: Driving Forces, Barriers and Implications for

HRM," *British journal of Management* 17 (2006).

Dey, I., *Qualitative Data Analysis* (London: Routledge, 1993).

Ding, D. Z., and Warner, M., "China's Labour – Management System Reforms: Breaking the 'Three Old Irons' (1978 – 1999)," *Asia Pacific Journal of Management* 18 (2001).

Doeringer, P. B., and Piore, M. J., *Internal Labour Markets and Manpower Analysis* (Heath and Company, Lexington, MA, 1971).

Ellis, N., and Sampson, H., "The Global Labour Market for Seafarers: Working Aboard Merchant Cargo Ships 2003," *SIRC Publication*, 2008.

Frankel, E. G., "China's maritime developments," *Maritime Policy & Management* 25 (1998).

Friedman, E., and Lee, C. K., "Remaking the World of Chinese Labour: A 30 – Year Retrospective," *British Journal of Industrial Relations* 48 (2010).

Gallagher, M. E., "Time is Money, Efficiency is Life: the Transformation of Labour Relations in China," *Studies in Comparative International Development* 39 (2004).

Giles, J., et al., "What is China's True Unemployment Rate?" *China Economic Review* 16 (2005).

Gu, E. X., "Beyond the Property Right Approach: Welfare Policy and the Reform of State – Owned Enterprises in China," *Development and Change* 32 (2001).

Hassard, J., et al., "Steeling for Reform: Chinese State – Enterprise Restructuring and the Surplus Labour Question," in Lee, G., and Warner, M., eds., *Downsizing China* (London: Routledge Curzon, 2006).

Hudson, K., "The new labour market segmentation: Labour market dualism in the new economy," *Social Science Research* 36 (2007).

Jefferson, G. H., and Su, J., "Privatization and restructuring in China: Evidence from shareholding ownership, 1995 – 2001," *Journal of Comparative Economic* 34 (2006).

Kessler, D., "Nationalism, theft, and management strategies in the information industry of mainland China," in Lee, C. K., eds., *Working in China: ethnographies of labor and workplace transformation* (London: Routledge, 2007).

Knight, J., and Li, S., "Unemployment duration and earnings of re – employed workers in urban China," *China Economic Review* 17 (2006).

Kraenen, K., and Dedrick, J., *Creating computer industry giant: China's industrial policies and outcomes in the 1990s* (China PC paper for web – june – 01. doc., Centre for research on Information Technology and Organizations. University of California, USA, 2001).

Kvale, S., *InterViews: An introduction to Qualitative Research Interviewing* (London: Sage, 1996).

Lai, et al., "Innovation capacity comparison of China's information technology industrial clusters," *Technology Analysis and Strategic Management* 17 (2005).

Lau, R. W. K., "China: Labour Reform and Challenge Facing the Working Class," *Capital and Class* 21 (1997).

Lee, C. K. *Working in China: ethnographies of labour and workplace transformation* (London: Routledge, 2007).

Lee, C. K., "The unmaking of the Chinese working class in the northeastern rustbelt," in Lee, C. K., eds., *Working in China: ethnographies of labor and workplace transformation* (London: Routledge, 2007).

Leunga, T., et al., *An examination of the influence of Guanxi and xinyong (utilization of personal trust) on negotiation outcome in China: An old friend approach* (Industrial Marketing Management, 2011). Available at: http://www.sciencedirect.com/science? _ob = ArticleURL&_udi = B6V69 –

5223H5P – 2&_user = 129520&_coverDate = 01% 2F28% 2F2011&_rdoc = 1&_fmt = high&_orig = gateway&_origin = gateway&_sort = d&_docanchor = &view = c&_searchStrId = 1713762750&_rerunOrigin = google&_acct = C000010758&_version = 1&_urlVersion = 0&_userid = 129520&md5 = fb7c271519de1b176b2f7f42a265843d&searchtype = a.

Lewis, P. , "New China – Old ways?" *Employee Relations* 25 (2003) .

Li, C. , "New developments in China's pharmaceutical regulatory regime," *Journal of Commercial Biotechnology* 8 (2002) .

Li, K. X. , and Wonham, J. , "Who mans the world fleet? A follow – up to the BIMCO/ISF manpower survey," *Maritime Policy & Management* 26 (1999) .

Lloyd's List, *Barrier to Chinese seafarers breaking down*, 1998. Available at: http://www. lloydslist. com/ll/sector/ship – operations/article298132. ece.

Lloyd's List, *China a burgeoning supplier of crew despite lingering doubts*, 2000a. Available at: http://www. lloydslist. com/ll/news/china – a – burgeoningsupplier – of – crew – despite – lingeringdoubts/20012706424. htm? highlight = true&containingAll = &containingPhrase = China + a + burgeoning + supplier + of + crew + despite + lingering + doubts&containingAnyWords = ［Accessed: February 2009］.

Lloyd's List, *Chinese crew set to increase*, 2000b. Available at: http://www. lloydslist. com/ll/sector/ship – operations/article336192. ece.

Lloyd's List, *Crew firms tap Chinese marke*, 2000c. Available at: http://www. lloydslist. com/ll/sector/ship – operations/article337457. ece.

Lloyd's List, *Shanghai's surge continues apace*, 2008. Available at: http://www. lloydslist. com/ll/sector/portsandlogistics/article34452. ece? error = 1&to = http% 3A% 2F% 2Fwww. lloydslist. com% 2Fll% 2Fsector% 2Fports – and – logistics% 2Farticle34452. ece.

Metcalf, D. , and J. Li. , *Chinese Unions: Nugatory or Transforming?*

CEP Discussion Paper 708 （LSE, Centre for Economic Performance, 2005）.

Michelson, E. , "The practice of law as an obstacle to justice: Chinese lawyers at work," in Lee, C. K. , eds. , *Working in China: ethnographies of labor and workplace transformation* （London: Routledge, 2007）.

Mok, K. H. , et al. , "The Challenges of Global Capitalism: Unemployment and State Workers' Reactions and Responses in Post – reform China," *International Journal of Human Resource Management* 13 （2002）.

Nichols, T. , and Zhao, W. , "Disaffection with trade unions in China: some evidence from SOEs in the auto industry," *Industrial Relations Journal* 41 （2010）.

Nichols, T. , "Introduction: Forced and free labour," in Nichols, T. , eds. , *Capital and labour: a Marxist primer* （London: Fontana Paperbacks, 1980）.

Nolan, P. , and Zhang, J. , "Globalization challenge for large firms from developing countries: China's oil and aerospace industries," *European Management Journal* 21 （2003）.

Peck, J. , *Work – place: the social regulation of labor market* （New York: Guilford Press, 1996）.

Perks, H. , et al. , "An Empirical Evaluation of R&D – Marketing NPD Integration in Chinese Firms: The Guanxi Effect," *Journal of Product Innovation Management* 26 （2008）.

Philippine Overseas Employment Administration, *Compendium of OFW Statistics* 2006, 2007a. Available at: http://www. poea. gov. ph/stats/2006Stats. pdf.

Philippine Overseas Employment Administration, *Deployed Landbased and Seabased Workers* 1984 – 2002, 2007b. Available at: http://www. poea. gov. ph/docs/Deployment%20Summary%20 （LB_SB）%201984%20to%202002. xls.

Rawski, T. G. , "Will investment behavior constrain China's growth?" *China Economic Review* 13 （2002）.

Ross, A. , "Outsourcing as a way of life? Knowledge transfer in the Yangtze Delta," in Lee, C. K. , eds. , *Working in China*: *ethnographies of labor and workplace transformation* (London: Routledge, 2007) .

Ryan, G. W. , and Bernard, H. R. , "Data Management and Analysis Methods," in Denzin, N. K. , and Lincoln, Y. S. , eds. , *Handbook of Qualitative Research. 2nd* (Thousand Oaks CA: Sage, 2000) .

Saich, T. , *Web up – date for Governanace and Politics of China*, 2009. Available at: http://www. palgrave. com/politics/saich/docs/update1. pdf.

Salditt, F. , et al. , *Pension Reform in China*: *Progress and Prospects* (OECD Social Employment and Migration Working Papers, No. 53, OECD Publishing, 2007) .

Sander, A. , *Towards a Chinese Welfare State?* (Tagging the Concept of Social Security in China. The ISSA International Policy and Research Conference on Social Security Working papers No. 56ISSA Publications, 2010) .

Sharma, K. K. , "The sea – going Labour Market in the People's Republic of China and its Future," in Lee, T. W. , et al. , eds. , *Shipping in China* (London: Ashgate publishing limited, 2002) .

Shen, G. , and Zhao, M. , *The Survey of Seafarers Labour Market in China*: *a report on phase* (Working report presented to SIRC Global Labour Market Workshop, 2001) .

Shi, L. , *Rural Migrant Workers in China*: *Scenario, Challenges, and Public Policy* (ILO Working Paper (89) . Geneva: ILO. Silverman, D. 1993. Interpreting Qualitative Data. London: Sage, 2008) .

Song, Y. B. , "Shipping and shipbuilding policies in PR China," *Marine Policy* 14 (1990) .

Taylor, B. , and Q. Li, "Is the ACFT a Trade Union and Does It Matter?" *Journal of Industrial Relations* 49 (2007) .

Taylor, R. , "China's Human Resource Management Strategies: the Role

Enterprises and Government," *Asian Business & Management* 4 (2005).

Walder, A., *Communist Neo - Traditionalism: Work and Authority in Chinese Industry* (Berkeley: University of California, 1986).

Wan, H., "Organization and management of Chinese deep - sea shipping companies: with special reference to the impact of China's reform," *Transport Reviews* 10 (1990).

Wang, X., "The development and the Future of Chinese POEs," in Zhang, H., eds., *The Development Report of Chinese POEs* (Beijing: China's Social Sciences Document Press, 2001).

Warner, M., and Lee, G., "Setting the scene: Unemployment in China," in Lee, G. O. M., and Warner, M., eds., *Unemployment in China* (New York: Routledge, 2007).

Warner, M., and Zhu, Y., "The Origins of Chinese 'Industrial Relations," in Warner, M., eds., *Changing Workplace Relations in the Chinese Economy* (Basingstoke: Macmllan Press Ltd, 2000).

Warner, M., "Trade Unions in China," in Benson, J., and Zhu, Y., eds., *Trade Unions in Asia* (London: Routledge, 2008).

Wu, B., and Morris, J., *Reshaping career route for the global labour market: an empirical study on Chinese seafarers* (Cardiff University Business School Employment Research Unit Nineteenth Annual Conference Cardiff, 2004).

Wu, B., et al., "Emergence of 'new professionalism' amongst Chinese seafarers: empirical evidences and policy implication," *Maritime Policy and Management* 33 (2006).

Wu, B., et al., "The Transformation of the Chinese Labour Market for Seafarers," *SIRC: Cardiff University*, 2007.

Wu, B., "Chinese seafarers and the global labour market," *Seaways October Issue*, 2003.

Wu, B., "Chinese seafarers in transition: trends and evidence," *SIRC Symposium*, *Cardiff University*, 2005.

Wu, B., "Participation in the global labour market: experience and responses of Chinese seafarers," *Maritime Policy and Management*, 2004a.

Wu, B., "Transgration of Chinese seafarers in economic transition: an institutional perspective on labour mobility," *School of Social Sciences Working Paper Series*, 2004b.

Yan, D., and Warner, M., "Foreign Investors' Choices in China: Going it alone or in Partnership?" *Human Systems Management* 21 (2002).

Yeh, C. M., "Reform of State Owned Enterprises in Mainland China since the CCP's 15th Congress," *Issues and Studies* 34 (1998).

Yeung, G., "The implications of WTO accession on the pharmaceuticalindustry in China," *Journal of Contemporary China* 11 (2002).

Yueh, L. Y., "Wage Reforms in China during the 1990s," *Asian Economic Journal* 18 (2004).

Zhao, M. "Chinese Seafarers: Value for Money Or Cheap Labour?" *Maritime Review*, London: Pacific Press, 2000b.

Zhao, M., and Amante, M. S. V., "Chinese Seafarers and Filipino Seafarers: race to the top or race to the bottom?" *SIRC Symposium* 2003 *Cardiff University*, 2003.

Zhao, M., *Chinese seafarers at the end of the* 20*th century* (Seaways: The International Journal of the Nautical Institute, 2000a).

Zhao, M., "Ships and Men: Labour on the 'Floating Motherland': Chinese seafarers on PRC merchant vessels," in Eyeferth, J., eds., *How China Works: Perspectives on the Twentieth – Century Industrial Workplace. Asia's Transformations Series* (London: Routledge, 2006).

Zhao, M., "The consequences of China's socialist market economy for seafarers," *Work, employment and society* 16 (2002).

Zheng, T. , "From peasant women to bar hostesses: An ethnography of China's karaoke sex industry," in Lee, C. K. , eds. , *Working in China: ethnographies of labor and workplace transformation* (London: Routledge, 2007) .

Zhu, Y. , et al. , "Economic reform, ownership change and human resource management in formerly state – owned enterprises in the People's Republic of China: a case – study approach," *Human Systems Management* 30 (1 – 2), 2011.

图书在版编目（CIP）数据

船员外派企业管理与船员的经历 / 赵志葳著. -- 北京：社会科学文献出版社，2017.3
　ISBN 978 - 7 - 5201 - 0307 - 7

　Ⅰ.①船…　Ⅱ.①赵…　Ⅲ.①船员 - 劳务出口 - 劳动力资源 - 资源管理 - 研究 - 中国　Ⅳ.①U676.2
②F249.21

　中国版本图书馆 CIP 数据核字（2017）第 018615 号

船员外派企业管理与船员的经历

著　　者 / 赵志葳

出 版 人 / 谢寿光
项目统筹 / 高　雁
责任编辑 / 高　雁　崔红霞

出　　版 / 社会科学文献出版社·经济与管理分社（010）59367226
　　　　　地址：北京市北三环中路甲 29 号院华龙大厦　邮编：100029
　　　　　网址：www.ssap.com.cn
发　　行 / 市场营销中心（010）59367081　59367018
印　　装 / 三河市东方印刷有限公司

规　　格 / 开本：787mm × 1092mm　1/16
　　　　　印 张：16.5　字 数：238 千字
版　　次 / 2017 年 3 月第 1 版　2017 年 3 月第 1 次印刷
书　　号 / ISBN 978 - 7 - 5201 - 0307 - 7
定　　价 / 79.00 元